罪案终结

破案专家的超级沟通法

周婷◎著

中国法制出版社

CHINA LEGAL PUBLISHING HOUSE

前言

　　身处现代社会，每个人都要与各种各样的人打交道，而沟通也就成了一种必不可缺的能力。拥有了超强的沟通能力，才能赢得他人的好感，可以与他人更加顺畅地交流，并从中获取更多有价值的信息，为自己的工作和生活带来更多便利。

　　正是因为沟通如此重要，所以很多成功的破案专家非常重视沟通能力的学习和提升，他们会主动接受大量的沟通方面的培训，并且还要接受上级安排的各种测试，以保证他们能够胜任各种情境下的沟通工作，并可以熟练操作各种各样的新颖的沟通工具。

　　在工作实践中，破案专家通过与形形色色的人士进行沟通，让自己的沟通水平得以不断提高。当他们外出拜访证人、知情人和其他人士的时候，能够从容地展示自己的魅力和风采，使自己在一开始沟通时就能赢得对方的好感；当他们面对不主动开口的嫌疑人、犯罪分子时，又会采用多种多样的技巧来突破对方的心理防线；当他们身处不同性质的沟通场合时，也能够熟练地运用自己学到的沟通艺术从容应对……

　　很多破案专家都是地地道道的沟通专家，所以当我们在沟通上遇到难题的时候，不妨向破案专家"取取经"，学习他们的一些充满智慧和技巧

的沟通方法。而这也是本书编写的初衷，我们希望读者能够一边学习破案专家日常沟通的实例，一边理解和掌握他们对沟通艺术的高超运用。

本书分为十个章节，几乎涵盖了破案专家日常沟通方方面面的细节，在阅读和学习本书后，读者可以学到破案专家的很多沟通技巧，比如，在沟通伊始要抓好开场最关键的三分钟，制造先声夺人的效果；在沟通过程中要注意倾听对方的话语，要注意观察对方的微表情、微动作，并从中解读出对方心中的想法；在请求他人帮忙时可以不露声色地使用一些小技巧，使对方可以欣然同意伸出援手；在拒绝他人时可以表现得委婉有礼，这样才不会伤害对方的自尊心……这些技巧都是经过破案专家实战验证过的珍贵经验，如果能被灵活移植到日常沟通中，就能够让读者的沟通能力不断迈上新的台阶。

值得一提的是，为了让读者在阅读时不感觉枯燥乏味，我们还在章节中加入了很多破案专家与人沟通的真实案例，其中很多来自破案专家调查取证、审讯嫌疑人的第一现场，读起来妙趣横生，也更能够让读者尽情领略破案专家的风采。

我们衷心地希望读者在阅读本书后，能够自然而然地学会很多破案专家沟通的好技巧、好习惯，成为名副其实的沟通高手，并能够借由沟通技巧走向人生的辉煌！

目录

第一章
展示沟通法：展现魅力，一开始沟通就赢得好感

展现自信风采，方能吸引对方

很多破案专家都是沟通高手，他们特别擅长在沟通中展现自信的风采，能够让人一见难忘。自信也让他们拥有了非常强大的魅力，使他们更容易获得沟通对象的尊重和认可。

一位来自美国纽约市警察局的警官斯科特这样说道："自信是沟通时一种必不可少的力量，它会让我的头脑保持清醒，思维保持敏捷，措辞更加有力，也更会让对方信服。"

斯科特在与他人沟通的时候，会表现得非常自信。无论在何种场合，面对什么样的对象，他都能镇定自若、落落大方地与之沟通，很多人都被他的这种魅力深深打动了。不过，斯科特也是经过了一番刻苦的训练，才能够如此自如地随时随地展现自信的风采。

在多年前，斯科特刚刚进入纽约警察局的时候，无论是工作经验还是沟通能力都还有很多不足。上级安排他和搭档一起外出调查，可他在面对形形色色的调查对象的时候，却总有些不好意思开口，举止也畏畏缩缩的，让他的搭档——一位老警察感到十分不满。

有一次，斯科特和搭档一起去调查一位社会名流，由于对方拥有较高的知名度，在与其对话时，斯科特更是觉得紧张。他表现得手足无措，说话也结结巴巴的。搭档看到他的这副样子，不禁十分生气，直接让他回警车里等着，不用再参与调查。

斯科特只好灰溜溜地走了出来，脸上一片通红，心中也十分窘迫。经过了这件事后，他下定决心要改变自己在沟通中不够自信的问题。为了锻炼出从容淡定的沟通风格，他先试着将朋友、家人当作调查对象，与他们进行一问一答的沟通；之后，他又来到公共场合，随机选择一些对象，和他们进行简单的对话。随着"锻炼"次数的增多，斯科特发现与陌生人沟通也没有那么困难了。

后来，斯科特又想办法找机会和一些名人、企业家、明星沟通，时间长了，他发现这些人和普通人其实没有什么区别，他们也有缺点，完全不需要对他们进行区别对待。在打破了这个思维定式后，斯科特在沟通中就像换了个人似的，无论面对什么样的对象，他都能够不卑不亢地自信发问，还敢于追问对方，有时甚至能让对方被他身上散发的"气场"深深折服。与此同时，他的工作能力也不断提高，经常能够从沟通中获得有利的线索，为案件侦破提供了必要的条件。

斯科特通过不断的努力，逐渐克服了沟通中过于拘谨、紧张的毛病，并形成了自信从容的个人风格，成了引人瞩目的沟通高手。这个案例对我们是很有启发的，在沟通中，我们也要学会用自信将自身魅力充分展现，让自己的一言一行都更能让人信服。

为了在沟通中尽显自信风采，我们可以从以下几个方面进行锻炼：

1. 对自己进行积极的心理暗示

在沟通中缺少自信的人往往会对自己进行消极的暗示，比如还没开始沟通他们就会担心自己会"说错话"或是有不妥当的举止而引起对方的反感，这样做会增加紧张心理，让他们在沟通中表现得更加拘束、羞怯。所以，为了让自己变得自信起来，就要停止消极暗示，代之以积极的心理暗示。比如，破案专家的经验是在沟通前可以深呼吸几次，然后对自己说："我的想法很不错，现在我只要把它们说出来，就能获得对方的认可。"这样的暗示会给我们增添不少勇气，也会让我们在沟通中表现得更加得体。

2. 敢于在沟通中正视对方

不自信的人在沟通中常常不敢正视对方的脸，目光躲躲闪闪，有时视线刚刚与对方接触一下，就立刻躲开，这会给对方留下十分不好的印象，也会影响沟通的效果。对此，破案专家提醒我们：想要改变对方的看法，就要注意勇敢地正视对方。当然，最初可能很难做到这一点，那我们也可以先试着将目光落在对方脸部下方的位置，等胆怯的心理减弱后，再试着去正视对方的眼睛，同时要用坦率的表情表示自己心中光明磊落、十分自信，而这种自信也能让对方受到感染，会让对方不由自主地更加重视我们所说的每一句话。

3. 从话语中展现自信

不够自信的人在说话时常常会吞吞吐吐、结结巴巴，说话的音量也会偏小，音调还会起伏不定，不仅会让对方听不清楚、弄不明白，还会影响自己在对方心中的印象。所以破案专家还提醒我们平时要多多练习说话的方式，要做到声音清晰、音量洪亮、音调稳定，这样一听就能够给人以信心充沛的感觉。

事实上，在沟通中展现自信的方法还有很多，比如可以通过衣着、表情、姿态和肢体语言来塑造个人魅力、彰显自信风采，而众多破案专家也从自己的实际经验中为我们总结了很多切实可行的方法。下面的章节会对这些方法进行更加详细的介绍，掌握了这些方法，就能帮助我们在沟通中"先声夺人"，从一开始就能够赢得对方的好感。

衣着得体，赢得对方好感

俗话说："人靠衣装"，这其实一点都不夸张。在人与人沟通的时候，衣着也是传播信息的媒介，它能够反映出我们的文化素质、品位气质、精神面貌，会直接影响到沟通对象对我们的观感。正如美国威斯康星州麦迪逊市的一位资深警官所说的那样："你的衣着往往代表了你是哪一类型的人，一个初次和你会面的人，会很自觉地根据你的衣着来对你添加各种'标签'。"

这位警官曾经用这样一个案例来说明衣着对沟通的重要性：

在多年以前，这位警官曾经接手了一个十分棘手的案件，该案件中的一位重要证人是一家大企业的董事长。由于董事长平时工作繁忙，警官花费了不少工夫，才获得了一个跟他面谈的机会。在见面前的几次电话沟通中，警官都发挥了自己出色的口才，也赢得了这位董事长的好感，董事长表示会尽量提供帮助，警官对这次面谈的结果也充满了信心。

没想到在面谈当天，事情却出现了意外转折。当警官高高兴兴地走进那家企业所在的大楼时，就被门口的保安拦住了。保安的理由是探员的衣着过于随便，不符合工作人员的"气质"。警官低头看了看自己身上那件洗得发白的旧 T 恤衫，还有腿上带着破洞和涂鸦的前卫牛仔裤，苦笑了一下，掏出了证件，保安这才同意让他进入。

这时警官已经为自己的不谨慎感到有些后悔了，他硬着头皮走进了董事长的办公室，一路上接受了很多来自公司职员的异样眼光。终于见到董事长时，警官马上感觉到了对方不愉快的心情。虽然谈话磕磕绊绊地进行了下去，但警官最终并没有获得多少有用的信息。

半个小时后，警官虽然很不情愿，也不得不告辞离开。这时董事长严肃地对他说："前几次在电话中交流，你给我的印象是一个很专业的人，可是今天看到你的穿着，让我很怀疑你的诚意。如果你并不重视这次谈话，为什么不早说？这样也不会浪费大家的时间了。"

董事长的指责让警官面红耳赤，他连连向董事长道歉，再三表示自己确实是一时疏忽，没有考虑到衣着细节。但董事长最终也没有原谅他，警官只得无功而返。从那以后，他时刻提醒自己不要把衣着当成小事，再也没有出现过类似的错误了。

在这个案例中，警官之所以会遭到董事长的指责，沟通也没能取得理想的效果，就是因为他在沟通前没有注意选择最合适的衣着，导致自己在沟通的"展示"环节出现了纰漏。由于警官要沟通的对象是具有一定社会地位的成功人士，而且沟通场所也是非常正式的办公地点，所以警官本应当穿上大方、正式、得体的职业服装，这样不但能够彰显自己的身份和品位，还能表达自己对对方的尊重，赢得对方的好感。遗憾的是，警官却忽略了这个沟通细节，导致了沟通失败。

由此可见，衣着是沟通中不可忽视的一个方面，穿对了服装可以为你加分，穿错了服装则会为你减分。为此，我们一定要汲取破案专家的经验，用心学习一些沟通穿衣原则，而这也是"展示沟通法"中非常重要的内容。

1. 衣着应当符合自身的身份

衣着得体最基本的要求是要符合自己的身份，也就是说要与个人的年龄、性别、职业等相称，这样才不会在沟通中给人留下突兀的感觉。比如在上文中，警官穿着过于前卫的 T 恤衫和破洞牛仔裤去拜访证人，就是不合身份的，会让证人产生不够庄重的坏印象，这对于沟通的顺利进行无疑是非常不利的。所以警官应当穿上正式的警察制服或者商务性的西服套装，就会更符合他作为一名专业人士的身份，证人也会对他增加一些信任的感觉，在沟通中就有可能会告诉他更多有价值的信息。

2. 衣着要符合沟通对象的特点和喜好

在选择衣着时还要考虑到沟通对象的特点和喜好，否则也很难赢得他们的好感，会让沟通出现不必要的阻碍。比如，破案专家在与社会成功人士沟通时，穿着式样高雅、剪裁精致、价位较高的正装会赢得对方的尊重和认可；但若是准备和一些普通阶层的人士打交道的话，就不宜穿得过于正式和华贵，否则可能会让对方感觉到压力，会使对方在言语中多了一些顾虑，这时，破案专家就要根据对方的特点，穿一些式样大众化、材质普通的服装，以便营造出平易近人的印象，让对方减少一些抗拒心理。

3. 衣着要符合沟通场所的特点

衣着还要符合沟通场所的特点，这样能够传递出恰到好处的视觉信息，可以让沟通对象更加愉快地接受你。这一点，破案专家往往深有体会，因为他们为了调查案件线索，时常要前往各种各样的场合，也因此总结出了很多衣着方面的经验。

比如，在正式的工作场合，他们会穿着制服或正装，以体现自己严肃、认真的职业形象；而在重大的宴会以及隆重的庆典、会见场合，他们会遵守举办方提出的着装要求，按照规定穿着华贵典雅的礼服等服装；如果是参加一些具有民族特色的聚会，他们还会入乡随俗地穿上一些带有民族风情的服装；当然，如果是在一些非正式的场合进行私人之间的会面，他们也会根据场合特点穿一些时尚、休闲的服装等。这些穿衣方面的技巧使他们能够完美地融入每一个场合，也为他们赢得了很多沟通对象的好感。

4. 衣着要符合特定的沟通时间

衣着还要与沟通时间相称，这一点在西方国家往往更为重要。比如很多破案专家白天可以穿着职业正装，但要是出席晚上 7 点以后的酒会、舞会的时候就会穿一些不太正式的服装，同时可以佩戴一些饰品。像一些女警官、女探员她们就会穿上色彩比较显眼的服装，再穿上高跟鞋，戴上一些式样大方的饰品，佩戴精美的丝巾，这样会显得非常得体，也能让沟通对象产生亲近的感觉。

　　当然，除了以上几条，衣着还要满足最基本的美观要求，也就是说能够美化自身的体型，提升自己的形象，所以破案专家们还会根据自己的体型特点来选择衣着。如果身材高大，就会选择样式简单一些的上装，色泽多为深色、单色，这样不会让沟通对象感觉到太大的压力。如果身材矮小，就会选择样式活泼、色彩明快一些的衣着，而且不会穿太长、太肥的衣着，以免让对方感觉累赘、拖沓。总之，破案专家会将每一个衣着细节考虑到位，才能做到以最佳的状态去面对沟通对象，并能够赢得沟通的成功。

用微笑提升你的亲和力

想要在一开始沟通时就获得对方的好感，就可以使用微笑这个神奇的"武器"。微笑能够提升你的亲和力，会给对方留下亲切、容易相处的好印象。美国中央情报局（CIA）的一位破案专家劳伦斯就一直将微笑当作成功沟通的秘诀，他曾经这样说道："对初次见面的人来说，微笑能够降低对方的戒备感，会让对方从紧张变得轻松，这有助于沟通的顺利进行。"

因为工作的关系，劳伦斯经常需要与陌生人会面。他会在每次见到对方之前，先对着镜子练习微笑的表情，等到自己觉得满意的时候，才会敲开对方的门。这样对方第一眼看见他的时候，首先就会看到他脸上热情又不失真诚的微笑，而这往往会让对方产生不少好感。

有一次，劳伦斯准备与一位重要的证人见面。这位证人来自中东某国，刚刚移民美国。劳伦斯给她打电话的时候，就感觉到证人非常紧张，可能是担心自己会被牵涉到案中，引起麻烦。为了缓解证人的焦虑心情，劳伦斯特意约她到一家安静的咖啡厅会面。

一见面，劳伦斯就友好地对证人微笑着问好，态度非常亲切，证人也觉得轻松了不少，连忙笑着向劳伦斯点头。

双方一起坐下后，证人感慨地说："我以为你们CIA的特工都是一些不苟言笑的人呢。"劳伦斯一听，笑得更加爽朗了，他拿自己打趣道："可不是，我的同事都说我不像CIA呢。"几句话下来，证人不再拘束，还主动和劳伦斯攀谈起来。

劳伦斯也一直面带微笑，好似不经意地跟证人东拉西扯起来。在闲谈的过程中，劳伦斯将自己想问的信息隐藏到了一个个看似平常的问题中，而证人因为状态非常放松，也愿意将自己了解的情况坦诚相告。

经过一番沟通后，劳伦斯从证人口中了解到了一些非常有用的线索，对他目前负责侦办的一个案件很有帮助。在会面结束时，劳伦斯微笑着向证人致以真诚的谢意，证人也表示自己愿意随时为 CIA 提供帮助，双方都对这次沟通的结果非常满意。

劳伦斯在与证人沟通的时候，十分重视发挥微笑的力量，而微笑也确实帮助他成功地拉近了与沟通对象之间的距离，并彰显了自身的亲和力，使沟通对象不自觉地想要亲近。在这种情况下，沟通自然能够进行得更加顺利。

不过，微笑看似简单，想要应用得恰如其分却并不容易，这需要掌握一定的技巧：

1. 展现友善、亲切的微笑

能够提升亲和力并打动他人的微笑只能是友善的、亲切的微笑，而不能是不自然的皮笑肉不笑或过于夸张的假笑。为了让自己的微笑更加动人，我们可以像破案专家一样，对自己进行一定的"微笑训练"。

在具体训练时，我们可以端坐在镜子前面，然后调动自己的情绪，以轻松愉快的心情开始对镜微笑。笑的时候要让嘴角微微翘起，脸上的肌肉要充分舒展开来，不能过于紧张、僵硬，更不能出现肌肉抽搐的情况。

2. 让眼神与微笑配合

在微笑的同时，破案专家还提醒我们要注意控制自己的眼神，要让眼神显得柔和、友善。眼睛要礼貌地看着对方，不要左顾右盼，但也不要直勾勾地盯着对方的脸，这样会显得很不礼貌，所以我们应当尽量看向对方的双眼和嘴之间的区域；另外，要让眼神显得非常坦然，并要适当与对方的目光有交流，不能表现得躲躲闪闪、畏畏缩缩。像这样以真诚坦率的眼神配合微笑和蔼的面部表情，就更能够形成具有磁性的亲和力，拉近自己与沟通对象之间的距离。

3. 把握好微笑的时机

微笑虽然非常重要，但也不是越多越好，而破案专家在与他人沟通交流时，会注意收放自如地微笑，并会把握好微笑的时机。比如，破案专家在与对方的目光直接接触的时候，常常会适时地展现一个迷人的微笑，这能够促进心灵的互动。这个微笑可以保持3秒的时间，时间不宜过长。也就是说，不必一直保持微笑的状态，否则会让对方感觉是在假笑。

此外，微笑还要注意场合和对象，如果在不适宜的场合对着不适宜的对象随意微笑，就可能会造成不良后果。对于破案专家们来说，他们经常需要与犯罪分子、嫌疑人沟通，对这类沟通对象就应当以严肃的表情为主，如果总是对他们微笑，就会让他们产生"这个警察／探员非常软弱"的错觉，反而不利于讯问取证。所以，微笑前一定要学会分辩沟通对象和沟通场合，才能做到恰如其分。

别让不良举止降低了你的"印象分"

一个人的行为举止就好像是一面镜子，能够反映出其文化底蕴、道德修养。那些举止优雅、行为得体的人，总是能在沟通中轻易地赢得他人的青睐；相反，举止粗俗、行为不雅，就会引发他人的反感，更有可能会让刚刚开始的沟通戛然而止。

英国伦敦警察厅的一位探长彼得·克拉克在沟通中就非常重视约束自己的举止，他曾经这样说道："以前我不太重视举止方面的细节，在人前总是表现得大大咧咧的，我以为这叫不拘小节，可是事实告诉我，正是这些细节影响了别人对我的看法。"

几年前，克拉克还是一个普通探员，他为了查明一桩案件，好不容易才获得了与一位政界要人会面的机会，对方在百忙之中同意给他半个小时的时间回答问题。

克拉克对于这次会面非常重视，他穿上了笔挺的西装，精心修饰了仪容，来到了对方的办公室。因为发现门是虚掩着的，克拉克没有敲门就直接推门进去了。对方正在打电话，看见突然闯进来的克拉克，有点吃惊，眉头也微微皱起，不过对方还是很快就放下了电话，还和克拉克打了个招呼。

克拉克落座之后，不敢耽误时间，马上就将准备好的问题记录拿出来，一一向对方提问。对方表现得非常配合，将自己知道的情况据实相告，沟通进行得非常顺利。可就在这时候，克拉克的手机突然响了，他赶紧把手机从衣兜里掏出来接听，却忘记了向对方致歉。

给克拉克打电话的是他的一位朋友，两人就一些私事聊了起来，一聊就是好几分钟。这位政界要人就这样被克拉克"晾"在一边，还不得不浪费时间听他说一些与公务无关的私人问题，这让政界要人觉得非常不满，本来和颜悦色的表情变得越来越严肃了。

终于，克拉克挂掉了电话，又重新拿起笔记本，想要继续之前的问题。不料对方却用冰冷的语气对他说："我不想再回答任何问题了，请你离开。"

克拉克感到十分不解，但对方对他的疑问始终不理不睬，眼看沟通已经进行不下去了，克拉克只得垂头丧气地离开了那间办公室。

事后，克拉克带着困惑向自己的上级请教，上级让他将那天的全部表现重演了一遍，才发现了问题所在。原来，克拉克在与对方沟通时，不注意自己的举止，没有敲门就贸然闯入，在与对方交流时还自顾自地接电话，让对方白白等待。这些不礼貌的细节引起了对方的强烈反感，对方认为克拉克对自己很不尊重，当然不愿意再与他沟通下去。

克拉克这才恍然大悟，也觉得十分后悔。之后他很是下了一番功夫，小心地纠正自己的一些坏习惯，让自己的举止变得越来越优雅，在沟通中也就没有再遇到过类似的窘境了。

克拉克的亲身经历提醒了我们，在沟通中一定要注意举止方面的细节。因为不文明、不礼貌的举止会破坏我们的整体形象，也会降低我们在他人心中的"印象分"，不仅会导致沟通无法顺畅进行，还会提升我们办事的难度。

那么，在沟通中需要避免哪些不良举止呢？破案专家们总结出了以下这些特别要注意的细节：

1.不要在沟通中频繁使用手机

手机是我们不可缺少的重要通信工具，特别是移动互联网越来越发达，更是让很多人觉得一刻都离不开手机，可要是在与人沟通的过程中，频繁地接打电话或是发短信、发微信，就难免会让对方有一种被怠慢的感觉。

所以在比较重要的会面前，破案专家会将自己的手机暂时静音，并且暂时不回应私人微信、电话。

假如有必须要接听的公务电话，破案专家会向对方致歉，说一声："很抱歉，我需要接个电话。"然后走到一个不会影响到对方的角落，用最快的速度将事情讲清楚，再挂掉电话，并再次向对方致歉，然后才能重新开始沟通。这样对方一般都会表示理解，也不会产生不满情绪。

2. 不要在沟通中做不文明行为

破案专家还提醒我们，在沟通中一定要坚决避免做一些不文明的行为，比如，随地吐痰、面向对方咳嗽、挖鼻孔、掏耳朵、搔抓皮肤、啃咬指甲等，这些行为不仅会影响个人形象，还显得很不卫生，是最容易让对方产生嫌恶之情的。

另外，一边沟通一边嚼口香糖，或是跷二郎腿，也会让人觉得不够庄重，会影响对方对我们的看法，都是要坚决避免的。

3. 不要在沟通中表现出不耐烦

在沟通中，当对方开口说话的时候，如果我们频繁地看表，或是在座位上不时活动身体，或是打哈欠、伸懒腰，都会让对方觉得我们对他所说的内容不感兴趣，所以才会表现出如此不耐烦的样子。那么对方就会失去再讲下去的欲望，而且对方还会对我们的轻慢态度产生反感。因此，我们应当像破案专家一样，注意约束自己的举止，哪怕对方的话语确实有些索然无味，也不要在不知不觉中表现出明显的不耐烦。

4. 不要忽视敲门、关门的沟通细节

敲门、关门虽然是小事，却也是沟通中不能忽略的举止细节。如果要登门拜访某人，切忌不敲门就直接闯进去，那会让对方受到惊扰，对我们产生不好的评价。破案专家在拜访他人时，不管面前的门是紧闭着还是虚掩着，都会注意先敲门后进入。他们敲门的时候一般是将右手半握拳，然后用中指轻轻敲门。如果没有听到对方的回应，也会稍等几秒，再重复敲门。直到对方说"请进"，他们才会推门进入，这些经常被人忽视的小细

节也为破案专家赢得了他人的不少好感。

同样，在沟通结束，准备离开的时候，破案专家也不会忘记随手关门，而且他们关门的时候力气不会用得太大，以免发出响亮的声音惊吓到他人。

我们在沟通时也应当像破案专家这样注意举止细节，因为这不仅关系到对方会对我们产生怎样的印象，还关系到沟通是否能够获得理想的结果，所以千万不要把举止细节当成琐碎小事，一定要随时随地都注意言谈举止，尤其要注意纠正一些习以为常的不良习惯，这样才能在沟通中将最佳的状态展现给对方。

姿势到位，沟通才更到位

在沟通中，采用不同的姿势也会对沟通对象造成不同的影响，更有可能会影响到最终的沟通效果。美国联邦调查局（FBI）的一位破案专家蒂姆·威廉姆斯对此做过深入的研究，他在自己的研究报告中指出："在沟通的过程中，你应当注意采用正确的姿势，要让自己的坐姿、站姿、走姿等每一个姿势都能给人留下端庄、大方的第一印象，这会在无形中帮你赢得对方的不少好感。与此同时，你还要注意避免一些影响形象的姿势或者有侵犯性的、不礼貌的姿势，以免在一开始沟通时就给对方留下不好的印象。"

威廉姆斯曾经做过这样的实验：他安排了两名探员去审问同一名嫌疑人。这名嫌疑人被指控犯下了多起绑架、虐待案件，探员需要从他口中问出详细的犯罪事实。

威廉姆斯研究过嫌疑人的个人资料，发现此人在小时候有过被父母虐待的遭遇，这导致了他极度缺乏安全感，在与人沟通的时候也显得十分焦虑不安。威廉姆斯先安排了一个身体强壮、高大的探员去盘问嫌疑人，在探员进入审讯室之前，威廉姆斯还特别叮嘱他一定要做一些事情。

于是，这位探员故意做出了凶狠的表情，在推门进入后，就大步流星地走到嫌疑人旁边站着，他双手叉腰，肩膀张开，居高临下地俯视着嫌疑人。他的姿势让嫌疑人感觉非常紧张，只见嫌疑人的身体不由自主地颤抖了一下，脸上也露出了嫌恶的表情。之后探员无论问他什么问题，他都闭口不语，让探员无可奈何。

这位高大的探员走出审讯室后，威廉姆斯赶紧让一位个头较矮、模样看上去平易近人的探员继续审讯嫌疑人。这名探员按照威廉姆斯的叮嘱，慢慢地走向了嫌疑人，在离嫌疑人不到 2 米的地方，探员停住了脚步，略略弯下身子，用友好的语气向嫌疑人打了个招呼，脸上还带着亲切的微笑。

在这个时候，一直守在外面观察的威廉姆斯看到嫌疑人的身体忽然舒展开来，脸上的表情也不再僵硬，显然探员刻意摆出的"低姿态"让他感觉非常放松。果然，当这位探员向他提出同样的问题时，他没有继续抗拒，而是和探员一问一答地沟通了起来。

威廉姆斯通过这样的实验想要告诉我们，不同的姿势在沟通中会收到不同的效果，这种情况对于那些比较敏感的沟通对象来说往往更为明显。比如，本案中的嫌疑人就是一个极度缺乏安全感的人，高个子探员的姿势让他觉得受到了威胁，使他紧张、害怕，对沟通也产生了抗拒；而矮个子探员通过姿势向他"示好"，增强了他心中的安全感，也让沟通得以顺畅进行。

由此可见，我们应当在沟通中合理地设计我们的姿势，才能让双方的对话变得更加积极。

那么，在沟通中需要注意哪些姿势方面的问题呢？

1. 姿势要符合沟通对象的特点

沟通中采用的姿势应当符合沟通对象的特点，比如破案专家在与上司、前辈或是一些年长的人沟通的时候，常常会采用微微弯腰、头部略下垂、背部略弓起的站姿或坐姿，以表示对对方的尊重之情；如果破案专家是与平辈或同事沟通的时候，则会采取自然的站姿或坐姿，身体要保持正直，同时抬头挺胸，显得很有朝气的样子，这些都是值得我们学习的沟通姿势。

2. 姿势要符合沟通场合的要求

采用什么姿势还要符合自己所处的场合特点，比如，在非常正式的场合，破案专家会按照"站如松、坐如钟"的标准要求自己的姿势，这样既符合社交礼仪，又能给人留下自信、端庄大方的好印象。可要是在一些非正式场合，如果也保持笔直的站姿或正襟危坐的坐姿，就难免会给人以刻板保守、不懂变通的感觉，所以破案专家会稍微放松身体，以轻松、自在而不失礼貌的姿势来面对沟通对象，这也能让沟通对象感觉比较放松，有助于双方更加顺畅地进行互动交流。

3. 姿势要体现出个人的精神风貌

破案专家经常会用挺胸抬头、挺直躯干，精神抖擞的站姿、坐姿来传达自信、乐观的态度，并使沟通对象也能受到有益的感染。与此同时，他们还会注意避免一些影响个人形象的姿势，比如站或坐的时候东倒西歪、不够端正，或是站着的时候将双手插入口袋、抱着双臂、用手摸脖子，以及坐着的时候跷二郎腿或抖腿，走路的时候塌腰或拖着步子等，这些姿势都会让人觉得过于随便或无精打采。

4. 不能摆出具有侵犯性的姿势

在与他人沟通的时候，破案专家还提醒我们要有意识地减少一些向外扩张性的站姿或坐姿，因为那会让对方感觉很有压力，有时还会让对方产生不满情绪。比如在坐着的时候张开双腿，仿佛要从他人那里攫取更多的空间似的，这会让对方觉得我们过于强势；再如与人对话的时候头部高高昂起，用下巴指向对方，这种姿势就会让对方感觉我们过于傲慢、无礼；还有站立时双手叉腰的姿势看起来也像是一种准备发动攻击的"信号"，也会让对方有一种很不舒服的感觉，因此应注意不要让这些姿势出现在沟通过程中。

需要指出的是，在摆出合适的姿势后，我们还要注意与对方保持恰到好处的距离。因为破案专家们早已发现，在沟通中距离过远或过近都不好，距离太远会影响视觉、听觉，使我们无法接收到充分的信息；太近又会让对方觉得很不舒服，所以我们平时要多多练习，以准确把握距离方面的尺度。

一般而言，我们应当按照与对方之间的亲疏关系来决定空间距离的远近，像非常亲密的夫妻、家人之间，就可以采取"亲密距离"进行沟通，双方之间的距离远近可以不超过 45 厘米；如果要和比较亲密的朋友、熟人沟通，则应当保持"私人距离"，这个空间距离远近可以在 45-120 厘米；在工作场合和一般性的社交场合，当我们与同事、上司、客户进行沟通时，应当保持"礼貌距离"，其远近在 120-210 厘米；而对于那些初次见面，还很不熟悉的人士，在沟通时就应当保持"一般距离"，其远近在 210-370 厘米，采用这个距离能够保持双方各自的"安全感"，也能够确保双方可以互相听清话语、看清脸上的表情和身体的动作，对沟通的顺畅进行很有帮助。

动听的声音，为你的沟通加分

在沟通中想要充分展现自身魅力，除了要在衣着、表情、举止、姿势等方面下功夫，还要注意训练好听的声音。正如美国得克萨斯州达拉斯警察局的破案专家大卫·布朗所言："声音可以为我们的话语增光添彩，同样的一件事，用饱满圆润、悦耳动听的声音来讲述就要比沙哑难听的声音更受人欢迎。所以我们平时一定要注意采用正确的发音方法，并应多进行提升音质的练习，才能让自己一开口就能使对方受到感染。"

布朗就经常因为说话声音好听而备受同事的赞誉。他的口语发音非常标准，吐字十分清晰，而且声音浑厚质朴，富有磁性。虽然他本人有些其貌不扬，可是每次只要一开口，就能让对方感到眼前一亮，继而更会对他生出不少好感。

2017 年 5 月，布朗和几名同事开始调查一宗经济案件。此案涉及的一位证人很不合作，警方已经多次致电请她配合调查，可是她拿起电话，听到第一句"您好，我是达拉斯警察局的……"之后，就会挂断电话，让大家无可奈何。

几位受挫的同事只好请布朗亲自出马联系这位证人，布朗清了清嗓子，拨通了证人的电话，用非常自然的语气说："女士，打扰了，我是达拉斯警察局的大卫·布朗。现在有一桩案件需要您配合调查……"布朗不紧不慢地讲述着，对方不但没有挂断电话，还一直耐心地倾听着，最后还同意了布朗提出的会面要求。

布朗放下电话后，几位同事都竖起了大拇指，他们其实也知道布朗所说的内容并没有什么特别，可是因为他的声音非常动听，让证人一听就想继续听下去，才能够达到这样的沟通效果。

这个案例说明了声音在沟通中的重要性，拥有悦耳动听的声音，我们将能够获得更多的与对方沟通的时间和机会，也能够为我们赢得无形的收获人心的优势。

那么，我们如何通过训练来让自己的声音变得更加好听呢？这里不妨参考一下破案专家提供的练习方法：

1. 练习准确的发音

破案专家在与人沟通时，一定会将每个字的发音都说得准确清晰，好让对方能够清清楚楚地理解他们要表达的意思，而不会产生歧义。他们在发音时不会含含糊糊，也不会发错音、读错字，为了做到这一点，他们平时会经常做速读练。也就是随便选取一篇文章，用最快的速度将除标点符号以外的每个字都读一遍，同时进行录音，这样在读完后重放录音就能听出自己在发音上存在什么问题，会知道自己有哪些字词的发音是不够清楚的，然后进行针对性的练习，就能让发音变得越来越准确了。

2. 练习声音的共鸣

破案专家为了让自己的声音听上去更加浑厚有力、富有感染力，还会进行共鸣训练，也就是在发音的时候，不仅依靠声带振动产生声音，还要运用咽喉、口鼻、胸腔的共鸣放大作用来对单薄的声音进行"加工"，使得声音听上去更加饱满、圆润、富有磁性。

为此，破案专家在发音时会自然地放松和舒展胸部、咽喉，并会挺直脊柱，使咽喉、鼻腔能够成一条直线，这样声音就能够不受阻碍地奔涌而出，再通过共鸣放大后就能变得更加优美动听了。

3. 练习发音的气息

破案专家在练习发音时还会注意调整自己的气息，因为气息会影响发音的力度，气息不足，声音就会有气无力，或是容易颤抖，会让人感觉很没有精神，也无法让对方受到感染。但要是气息使用过度，用力过猛，又可能会损坏声带，会使声音变得嘶哑难听，因此一定要掌握使用气息的窍门：在呼吸时要采取胸式呼吸和腹式呼吸相结合的办法，使吸入的气流量更大，运用时更加灵活自如。同时要逐渐习惯在呼气时而不是吸气的时候说话，在吸气的时候则可以适当停顿，以便吸入充足的空气，此时要感觉两肋打开，腹肌逐渐收紧，这样才能够为发音提供充足的气息。

除此以外，破案专家还提醒我们，想要让沟通对象喜欢听我们的声音，就还要注意配合自己想要传达的信息和情绪，让声音表现出高低、强弱、刚柔之类的各种变化，并要配合适当的停顿，才能让对方听得津津有味。切勿总是用一成不变的声音来沟通，这会让对方听得昏昏欲睡。

总之，动听的声音是可以通过训练来获得的，如果能够像破案专家这样坚持不懈地进行练习，声音就会变得越来越圆润动听了，这时再与他人沟通，就更容易让对方产生好感。

用好肢体语言，表现自身气场

所谓肢体语言，就是我们在开口说话的同时，借助身体各个部位的活动以及一些动作、姿势来表情达意的沟通方式。美国FBI的一名专家威廉姆·霍顿对此进行过大量研究，并得出了这样的结论："当我们向他人传递信息的时候，依靠语言只能够传递7%的信息，剩下的绝大部分信息都要通过肢体语言和声音米传递。"由此可见，肢体语言在沟通时的作用非常重要，我们应当合理地运用肢体语言来充分地表现自己，为自己营造不同的"气场"。

威廉姆·霍顿自己就是一位善于使用肢体语言的沟通高手，他也被很多同事称为"气场最强大的人"。

霍顿在平时站或坐的时候，总是注意挺直自己的脊柱与腰部，同时有意识地抬头并收紧小腹，这样看上去会显得格外挺拔、精神。而在与人沟通的时候，他会用不同的肢体语言来传达自己的感受。当他与学员们交流的时候，他会用十分快速、有力的手势配合简短的语句，让学员们也能受到感染，会干脆利落地完成他布置的任务，绝不敢故意拖延。而在外出调查案件的时候，在和知情人交谈时，霍顿会把双手放在对方能够看到的地方，同时身体微微前倾，表示自己正在注意倾听，这样的肢体语言能够营造出一种友善、真诚的气场，所以知情人也不会拒绝交流，大多会把自己看到的或听到的信息都讲出来。

而在与犯罪分子对话的时候，霍顿又会表现出完全不同的气场。有一次，他负责审讯一名穷凶极恶的嫌疑人。当嫌疑人疯狂地对霍顿咆哮的时候，他却一声不吭，他保持着笔直的坐姿，用威严的眼神不偏不倚地直视着对方的双眼，直到对方不得不躲避他锐利的目光；与此同时，他将右手下压，表现出一种不容辩驳的魄力，之后他用食指和中指在桌面上有节奏地轻轻叩击着，看上去根本就没将嫌疑人放在眼里。

色厉内荏的嫌疑人叫嚣了半天，却得不到任何回应，也不免心虚起来，在椅子上不停地变换坐姿，看上去慌乱无措。事后，与霍顿一起审讯的同事都说："霍顿审讯犯人都不用开口，只用肢体语言就能够完全压制住对方。"

肢体语言可以产生强大的影响力，霍顿就是通过不同的肢体语言让自己能够散发出不同的"气场"，使沟通对象不知不觉地受到了影响，并能够让沟通达到应有的效果。

我们在日常工作和生活中，也可以学习霍顿的做法，用肢体语言来为自己的沟通能力加分。为此，我们可以从以下几个方面锻炼自己的肢体语言能力：

1. 手势

用手掌、手指、手腕来做出各种手势，可以输出不同的信息，使用准确的话，也能够提升我们的气场。有时候手势之间只有微小的不同，却可能产生截然不同的含义。比如，手掌向上，常常有表示合作、接纳的态度和尊重他人的含义，而手掌向下则带有权威、命令的意思。所以做什么手势前都要弄清楚内在含义，切勿乱用，以免引起沟通对象的不满。

另外，破案专家提醒我们在使用各种手势时要注意幅度不可过大，次数不宜过多，也不宜多次重复，否则会给人留下装腔作势、缺乏涵养的坏印象；而且使用手势时要尽量柔和，不宜动作生硬，或大开大合，这会让人感觉攻击性太强。

2. 动作

在说话的同时，破案专家会适时地配合一些动作，来加强言语的表达效果，使对方更容易受到感染。比如，在对方发表意见的时候，他们会用轻微点头的动作来表示赞同和尊重的态度；另外，还会用耸肩的动作来传达一种无奈的情绪，以引起对方的同情。

与此同时，破案专家提醒我们要避免在与人沟通时做出东张西望、摇头晃脑、抓耳挠腮这样的动作，因为这会让对方感觉我们注意力不集中，还会让对方认为我们态度傲慢、不够庄重，更会影响气场的营造，而这对于顺畅的沟通也会产生很多不利影响，所以我们要有意识地提醒自己不要做出这类影响形象的动作。

3. 目光和表情

强人的气场还可以通过锐利的目光和淡定的表情来配合营造，在现实生活中，如果注意观察那些经验丰富的破案专家，我们就会发现他们的表情总是非常平静，很少会有喜形于色或怒气满面的时候，更不会出现挤眉弄眼的表情，这反而让他们拥有了一种淡定的气场，会让人情不自禁地服从他们的意志。

另外，他们还会用坚定的眼神正视沟通对象的眼睛，如果同时与多人沟通，他们的目光也会恰到好处地在每个人脸上短暂停留，不会出现遗漏。也正是因为这样，在破案专家面前，人们常会有一种什么都藏不住的感觉，而这种带有气场的目光和表情正是需要我们学习和锻炼的肢体语言之一。

需要提醒的是，我们在运用肢体语言时，还应当考虑到不同文化背景下有不同的沟通习惯，所以肢体语言代表的含义也会有所差异。就拿最简单的摇头、点头的动作来说，在我国，摇头表示否定的态度，点头表示赞成的态度，可是在印度、巴基斯坦等国家，摇头、点头代表的意义却恰恰相反；还有我们常常会用食指和中指比出"V"型以表示胜利的含义，可要是在英国，如果做出这个手势的同时，却用手背向着对方，则有侮辱的含义，会引起对方的强烈不满。由此可见，在使用肢体语言时一定不能随意，要充分考虑当前所处的文化背景和沟通氛围，然后适当地使用肢体语言，才能让沟通变得更加顺畅。

说话看场面，沟通看场合

要想成为像破案专家这样的沟通高手，就要注意在不同的沟通场合说不同的话。所谓"上什么山唱什么歌"，随着沟通场合的变化，对于话题、措辞、谈话方式等都应进行相应的变化。破案专家就是这样根据场合来调整沟通的办法，才能够让自己所说的话语既符合场合的要求，又能迎合沟通对象的心理，从而可以最大限度地达成沟通的目的。

在美国加利福尼亚州伯克利市一个警察局工作的雷恩·凯利非常擅长各种场合的沟通工作。在正式场合，他表现得大方从容，话语精确到位，因而被选为该警察局发言人。

2018 年，伯克利市发生了一起服药过量死亡案件，死者是一名 26 岁的女性，名叫路易丝。她在凌晨时分被监狱释放，仅仅 4 个小时后，就被人发现倒在地铁站里。这一案件引发了公众和媒体的广泛关注，很多人在网络上攻击警方半夜释放囚犯的做法不够人性化。与此同时，大批记者聚集在警察局外，给警察局的日常工作造成了很多麻烦。在这种情况下，警察局决定召开新闻发布会说明情况，而凯利自然要担负起平息公众不满的重任。

在发布会上，凯利用沉重的语气对台下的记者和民众说道："路易丝的死亡确实是不幸事件，但监狱 24 小时都可能有囚犯获得释放，每日释放的人数高达 100 人。一旦他们被释放，监狱就无权继续让他们留在狱中了。况且大家也可以感受一下囚犯们的心情，他们大多不愿意在狱中多待哪怕一分钟，很多人都是头也不回地走出监狱大门的。我相信路易丝也是如此，因为监狱大门的监控显示，路易丝是在凌晨1点45分左右离开的，这距离她被释放只有不到5分钟的时间。"

凯利的话语入情入理，既解释了监狱方面的苦衷，也引导听众尝试去理解囚犯的心情，使得台下的一些人听得连连点头。不过仍然有人提出质疑，对凯利提问道："对于路易丝的死亡，你们警方就没有一点责任吗？"

凯利认真地倾听着对方的问题，没有表现出丝毫的不满。等对方结束发问后，凯利才耐心地解释道："路易丝真正的死因是她在出狱后又拿到了管制药物，众所周知，从监狱离开的时候，囚犯身上不会有任何违禁品。所以我们应当追究的是提供药物给路易丝的犯罪分子，他们才是造成这场悲剧的罪魁祸首。当然我们警方也不会对此事置之不理，目前我们正在积极寻找线索，我代表警察局承诺一定会将犯罪分子抓捕归案，让他们接受应有的严惩。在此我恳请大家不要聚集在警察局外，这会给我们的工作带来很多困难。"

凯利这一番话一下子转移了大众关注的焦点，使那些一味指责警方的人开始思考本案的真正根源。在新闻发布会后，警察局外聚集的人群逐渐散去，有不少热心人士还给警方打来了电话，说要提供破案线索。在这次事件后，凯利也获得了上级的嘉奖，他通过高明的沟通技巧不但帮助警察局解除了危机，还为案件的侦破工作提供了帮助。

凯利所处的新闻发布会场合是一种非常正式的沟通场合，需要使用严肃、谨慎的措辞，要向听众传递准确无误的信息，而凯利很好地做到了这一点，他的发言条理清晰、语言规范，可以说是字斟句酌，既不会引起听众的误解，也不会触动人们的不满情绪。同时，由于新闻发布会常常会有提问环节，所以在沟通中还要做好认真倾听和针对性回答的工作，凯利在这方面也处理得非常到位，因而能够达到很好的沟通效果。

从凯利身上，我们能够学到的沟通技巧就是要注重具体沟通场合的特点，知道什么话在什么场合该说，什么话不该说，并且要清楚同样的一句话如何说才能达到更好的沟通效果，这样才能在任何沟通场合都能表现得游刃有余。

具体来看，沟通的场合要求主要包括以下几点：

1. 根据场合的性质来沟通

不同的场合可以分为三大类，即正式场合、半正式场合和非正式场合。这三类场合的沟通要求是各不相同的：

（1）正式场合的沟通要求

正式场合包括正式的会见、招待会、新闻发布会、演讲、典礼、仪式、大型宴会、晚间隆重的社交活动等。在这些正式场合，我们的言行举止需要严肃、庄重一些，不能过于随意，要避免说一些不实的传言，也不能讲一些格调不高的笑话，或是说一些不得体的俗语、谚语。

破案专家还提醒我们，在正式场合与他人沟通的时候，要尽量用简洁、准确的话语将自己的意思表达清楚，不要没完没了地讲话，也不要随意指责或反驳他人。为了让自己表现得更加完美，我们还可以在沟通前准备讲稿或提纲，并且要预先想到可能会被沟通对象问到的问题，然后想好最佳答案，这样就能有效避免回答不出问题的尴尬了。

（2）半正式场合的沟通要求

半正式场合包括小型宴会、小范围的商务会谈、一般性的访问、高层会议和白天举行的比较隆重的活动等，我们每天在工作场所因为公事发生的沟通，也属于半正式场合沟通的范畴。在这些半正式的沟通场合中，我们要表现得礼貌、大方，言谈举止中要尽可能营造出友好、轻松的沟通氛围。为了活跃气氛，有时不妨讲一些无伤大雅的笑话，或使用幽默含蓄的语言来拉近与沟通对象之间的距离。

在与他人沟通时，我们还要注意像破案专家一样，随时倾听对方的谈话，并细心观察对方的举止和表情，然后给予适当的回应，这样既能够了解对方的意图，又能让对方感受到我们的尊重。与此同时，我们要注意清楚地表达自己的意思，使对方能够理解，并且为了加强表达效果，可以加入合理的手势、表情等。

（3）非正式场合的沟通要求

非正式沟通场合范畴较广，包括了我们日常交往的各种场合和娱乐性质的场合，比如我们在家庭、街头、电影院、餐厅、咖啡厅等场合发生的沟通都属于非正式场合的沟通。在这些场合中，我们的言行举止不用过于刻意和拘谨，可以随意一些，也不必过多考虑自己的措辞是否恰当，不妨多引用一些日常生活中人们都比较习惯的俗语、谚语来交谈，这可以让我们的话语变得更加生动有趣。

在非正式场合与他人沟通时，可以说一些双方都比较喜欢和熟悉的话题，内容可以通俗、幽默、风趣一些，以便双方可以在轻松的氛围下交流信息、深化情感。

2. 根据场合的氛围来沟通

在沟通中，我们还要根据当时的氛围来安排沟通的话题和方式，这样才不会出现不得体的问题：

（1）安静的场合氛围

在图书馆、医院、咖啡厅等安静的场合，要注意不能大声喧哗，否则会让人误会我们是没有素质、不懂分寸的人。在沟通时应当尽量放低音量，长话短说，并且可以多用一些非语言沟通手段如手势、表情等来传情达意。

（2）喜庆的场合氛围

在气氛喜庆、愉快的场合，要跟随气氛多说一些喜气洋洋的吉利话或有趣得体的幽默话，让听者笑声不断，沟通也会更加顺畅。切忌说一些沉重的话题或影响氛围的话题，以免让他人感觉十分扫兴，同时也会让沟通走向僵局。

（3）悲痛的场合氛围

在气氛悲痛、沉重的场合，我们的言谈举止一定要庄重一些，千万不能随意开玩笑，这只会引起他人的强烈反感。另外，如果沟通对象情绪非常低落、沉痛，我们应当用得体的话语进行安慰，但不宜说得过多，以免引起反效果。

（4）轻松的场合氛围

在日常交往的轻松场合中，我们在沟通时也可以随便一些、轻松一点，不要对对方摆架子，也不要表现得过于拘束，言谈举止应当满足随和、幽默、自然的要求，这样既符合沟通场合的要求，也更容易赢得沟通对象的好感。

（5）严肃的场合氛围

在会议现场等气氛严肃的场合，我们的表现也应当严肃谨慎一些，措辞应尽量文雅，并可以使用一些书面语。如果遇到了他人发言的情况，应当耐心倾听，不宜随意插话，以免引起他人的不满。

了解了上述这些场合沟通要求后，我们就可以像破案专家一样学会根据场合性质和氛围，恰到好处地沟通了。

第二章
开局沟通法：重视开场，让对方主动敞开心扉

把握好开场最关键的3分钟

一位来自法国普罗万警察局的破案专家法比安曾这样说道："沟通是否成功，关键就看开场的这3分钟。"他的话不无道理，因为每个人能够保持专注的时间都是非常有限的，如果在3分钟的时间里，我们还没有让对方对我们所说的话语产生兴趣的话，就很难再抓住对方的心，后续的沟通也会变得更加艰难。

因此，像法比安这样的破案专家会特别看重"关键的3分钟"，他们会充分利用有限的时间来引起对方的注意，或是让对方对谈话产生浓厚的兴趣，这样才能让沟通顺利进行下去，并有助于实现自己的沟通目标。

在下面这个案例中，法比安就通过巧妙的话语，在很短的时间内吸引了沟通对象的注意：

有一次，法比安和一位同事一起到一个知情人——一位年逾七旬的老人家里进行调查。见面后，他们热情地向这位老人问好，可是他却一言不发，显得非常冷淡。同事问了他几个问题，他也表现得很不感兴趣，总是用只字片语来敷衍。

同事在法比安耳边小声说道："什么都问不出来，我们还是走吧。"法比安却摇摇头，微笑着对老人说："默尼耶先生，很抱歉，我们不该在您身体不舒服的时候前来，给您添麻烦了。"

老人愣了一下，但马上反应过来，也微笑着说："你一定注意到我这条腿了，没错，一到阴雨天它就疼得厉害，让我连路都走不稳。"

法比安用同情的语气说道："应该是风湿病吧。我叔叔也有这个毛病，疼的时候心情会很不好，我们都会注意不去打搅他。"

两人就这样你来我往地交谈了起来，老人一改之前的冷漠和无精打采，饶有兴趣地问法比安他叔叔都接受过什么治疗，平时吃一些什么药，不到3分钟的工夫，两人已经谈得非常投机。

之后，法比安见老人心情不错，就将话题转移到案件上来，这次老人非常配合，对他提出的与案件有关的问题，都毫无保留地直言相告，为他提供了不少帮助。在法比安和同事离开的时候，老人还留下了他的名片，期望以后可以经常联系。而那位同事将这一切都看在眼中，禁不住在心中暗暗佩服法比安的沟通艺术。

在这个案例中，破案专家法比安在最初的3分钟内，通过巧妙地观察发现了沟通对象身体的不适之处，然后以此作为突破口引导谈话，立刻引起了沟通对象浓厚的兴趣。之后他又想办法用叔叔的例子制造"同病相怜"的感觉，一下子拉近了和沟通对象之间的距离，使得沟通进行得分外顺利。由此可见，把握好关键3分钟对于沟通有着相当重要的意义，它常常能够制造令人惊喜的效果。

那么，现在给我们3分钟时间，该讲些什么来快速吸引对方，并最终实现沟通的目标呢？来看看破案专家的做法吧，在正式沟通前，他们一般会从以下3点做起：

1. 吸引对方的注意

如果留给我们的时间只有3分钟，那么开口的第一句话应该极具诱惑力，能够让对方一听就会受到吸引，并会想要听到更多。在这方面可以使用的方法有很多，比如破案专家会抛出一个有趣的问题激发对方的好奇心，或用一句夸奖对方的话满足对方的虚荣心，还可以用一句故意贬低的话语引发对方的逆反心理等，具体采用何种方法要视对方的身份、性格而定，但要注意小心措辞，以免弄巧成拙，引起对方的反感。

2. 维持对方的兴趣

在成功吸引到对方的注意后，便可以"乘胜追击"，抓紧时间阐明自己的观点，并传达出自己的目标。在这个过程中，破案专家会注意时刻关注对方的反应，并顺势调整自己的话语，使得对方愿意继续听下去而不感觉厌烦。为了更好地维持对方的兴趣，还要注意说话满足"快""准""短"的要求，所谓"快"，就是说话痛快，不黏黏糊糊；所谓"准"，就是说话准确，紧扣目标，不言他物；所谓"短"，就是说话简洁明了，不啰唆拖沓。

3. 产生强烈的印象

把话说得精彩、生动、有趣，可以加深对方的印象，也有助于达到我们想达到的目标。为此，我们可以像破案专家一样，采用一些形象化、个人化、情感化的表达方法，这可以让简短的信息产生足够的力量。比如，我们可以用体贴的微笑、热情的眼神、适当的表情和一些富有感染力的语调，来让对方不知不觉地受到影响，心甘情愿地投入这次沟通中来。

3分钟的时间虽然听上去不足为奇，但如果能够像破案专家这样抓紧一切机会说出有意思、有价值的话语，我们就会发现，一切都会变得有所不同。所以，不妨从现在开始，为自己设置一种具体的情境，然后以3分钟为限，去练习一下破案专家的沟通艺术吧。

礼貌称呼，用好沟通的敲门砖

沟通开场的 3 分钟对我们非常重要，可以说是分秒必争的。但尽管如此，我们也不应当忽略一些交流细节，像礼貌的称呼就是一个非常重要的细节。如果称呼使用准确，就能够表现出我们对沟通对象的尊重之情，也能引领我们步入顺畅沟通的"快车道"。

对于破案专家来说，由于他们每天都要和性别不同、年龄、身份各异的对象打交道，就更需要将各种称呼梳理清楚，才不会出现错用称呼引得对方十分不快的情况。

美国科罗拉多州刑事调查局的探员坎普尔曾经遇到过这样一个有意思的案例：

有一次，坎普尔到一家研究所进行调查，接待他的是一位四十多岁的中年女性。坎普尔看到她的胸牌上写着"玛丽·戴维斯"这个名字，就自作聪明地称呼她为"Mrs Davis（戴维斯太太）"，没想到那位女士的表情一下子变得非常僵硬，脸上的微笑也消失了。之后坎普尔向她求证一些事情，她的态度也变得很不客气，与最初接待坎普尔时候的表现判若两人。

坎普尔不明白问题究竟出在哪里，就小心翼翼地问："对不起，是不是我之前说错了什么话，让您感觉不开心？如果是这样的话，我向您郑重道歉。"

见坎普尔的态度非常诚恳，那位女士的表情放松了一些，她用抱怨的语气道："我还没有结婚，你却喊我戴维斯太太，是因为我显得年龄太老了吗？"坎普尔这才恍然大悟，他十分自责，连忙说自己只是粗心大意，绝对没有轻视对方的意思，还将对对方的称呼改为"Miss Davis（戴维斯小姐）"，这才获得了对方的谅解。

从此以后，坎普尔在遇到类似情况时，再也没有想当然地称呼对方，而是经过仔细考虑后才使用最适合对方身份的称呼，使对方能够觉得既礼貌又亲切，也就更愿意和他沟通下去了。

探员坎普尔用自己的亲身经历提醒了我们，在与人沟通时，一定要选准正确的称呼，因为人们对称呼总是格外敏感，称呼不当，轻则造成尴尬，重则会引起沟通对象的反感和愤怒，导致沟通不畅甚至还会出现沟通中断的情况。

就拿太太和小姐这两个称呼来说，如果是把未婚女性喊成太太，就会显得很不得体。而在现实的沟通过程中，像这样的例子还有很多，都需要我们用心去把握。

具体来看，称呼方面的注意事项可以总结为以下几个方面：

1. 称呼应符合职务身份

破案专家提醒我们，在称呼对方时应当考虑到对方的职务和职称。比如在涉外交往时，如果要与职务较高者沟通，可以用"职务＋阁下"的组合来称呼对方，如"总理阁下""大使阁下"等；而在工作场合会面，可以用职务、学位、头衔、军衔来称呼对方，比如"马部长""路易博士""钱教授""郭上尉"等；假如是首次见面，暂时还不了解对方的职务身份，那么也可以统称为"先生"或"女士"，待之后了解了具体情况后，再改变称呼即可。

2. 称呼应符合年龄特点

称呼还可以按照对方的年龄来选择，比如，对比自己年龄大得多的人称呼"爷爷""奶奶""叔叔""阿姨"；对比自己年龄稍大一些的人称呼"大哥""大姐"；在工作场合或学校还可以称呼比自己年长的人为"前辈""学长"等。不过按照年龄来称呼也要考虑到对方有没有"不服老"的心态，特别是女性对这个问题常常会更加介意，所以能叫"大姐"的时候就不要叫"阿姨"，能叫"阿姨"的时候千万不要喊"奶奶"，以免引起对方的反感。

3. 称呼应符合亲疏关系

对于初次见面或关系不亲近的人，应当用正式的称呼或敬称来称呼对方，如"文先生""韩老""孟公"等；但要是双方非常熟悉，感情也很融洽，再使用这样的称呼反而会显得"生分"，所以可以使用亲切的称呼，如对长辈称呼"陈大爷""周妈妈"，对平辈或小辈则可以直呼其名，但要记得尽量把姓氏省略掉，如称呼对方"佳佳""小伟"等，这样才显得更加亲切。

4. 称呼应符合国情特色

由于破案专家需要经常和来自世界各地的人士沟通，所以他们还发现不同国家人们习惯的称呼也不一样。比如，美国人有的时候会在初次见面时也用名字来称呼对方，甚至年龄相差悬殊的人也会如此，对方听到后也不会觉得有什么不妥。而在中国，晚辈直接称呼年长者的名字，或是职位低的人直接称呼领导的名字，都会让对方觉得不够尊重。

另外，在英、美、法等国家，人们的姓和名的排列顺序与中国人恰好相反，所以想要称呼一个叫约翰·乔纳森的人"某某先生"的时候，应当称其为"乔纳森先生"，而不是"约翰先生"。假如对方的姓名由三节以上组成，则要将最后一节作为对方的姓氏来称呼，如可以称呼一个叫爱德华·亚当·詹姆斯的人为"詹姆斯先生"。

总之，合适的称呼能够体现个人的修养，也是沟通能力强的一种表现，所以我们一定要多向见多识广的破案专家多多"取经"，并要用心去学习和体会称呼方面的知识，才能做到一开口就能轻易打开沟通的大门。

主动握手，向对方释放友好信号

握手，是沟通中一种常用的礼节，也是我们在沟通开场的关键 3 分钟里不能忽视的另一个细节。特别是在与陌生的对象沟通时，我们可以一边使用礼貌的称呼，一边用握手的方式向对方释放友好的信号，这样可以让对方减少一些戒备心理，能够在手与手的亲密接触中增进了解、消除隔阂。

很多优秀的破案专家在与他人进行沟通时，都会注意做好握手的礼仪，因为他们知道这样可以拉近与沟通对象之间的距离，让沟通可以进行得更加顺利。不过，一位破案专家——来自英国伦敦的有"沟通专家"之称的警察加里·柯林斯却提醒我们要注意握手的细节，否则握手不但不会得到对方的好感，反而有可能让对方觉得很不舒服，之后的沟通也会受到影响。

柯林斯自己就遇到过这样一个真实的案例。有一次，柯林斯与同事一起去调查一桩案件，他们来到了嫌疑人的叔叔家，准备向这位老人询问一些嫌疑人的生活细节。

那位老人独自居住在一所偏僻的公寓中，性格也非常内向，很少与人打交道。柯林斯在见到老人前，就想了一些办法，想让老人愿意敞开心扉提供信息，而热情的握手就是其中之一。

在走进公寓后，柯林斯的同事先与老人握手，柯林斯观察着老人的表情，发现老人皱了一下眉，好像有点不高兴的样子。柯林斯没想明白是怎么回事，就赶紧也和老人握手，他采用的是自己平时最常用的握手方式——将右手平伸出去，微微地用了点力气握住了老人的手，停留了 3 秒便轻轻放开，同时脸上带着热情洋溢的微笑，并用坦诚的目光直视老人的双眼。这时，柯林斯看到老人严肃的表情放松了不少，嘴角也露出了一点笑意。

之后，老人与两位警察开始了沟通，他好像很不喜欢柯林斯的同事，经常有意地回避他的问题。可当柯林斯问出了同样的问题后，老人却会欣然作答，这种情况让柯林斯的同事感觉十分尴尬。最后，这位同事实在受不了老人这种厚此薄彼的态度，使用开玩笑的口气问道："你是不是对我有什么偏见呢？"

老人冷冷地看了他一眼，对他说："对于不尊重我的人，我当然也不会尊重他。"

同事非常奇怪，连忙追问老人原因。老人实在拗不过他的请求，只好告诉他："你们一进来的时候，你先和我握手，可是你居高临下地伸出了你的手，在我的手指尖上轻轻碰了一下就离开了，就好像我手上有脏东西似的。"接着，老人指着柯林斯说："他握手就比你真诚多了，他让我觉得我们是平等的，我当然更愿意和他沟通。"

同事这才弄明白了事情的原委，也为自己考虑不周感到非常惭愧。柯林斯则从这件事中又学到了一些握手的准则，这让他在今后办案工作中少走了不少弯路。

柯林斯和同事用两种截然不同的方式与沟通对象握手，也得到了两种截然不同的结果。同事在握手时手掌向下，无形中显示出了一种"你的地位比我低"的气势，这自然会引起沟通对象的反感，而且他的手在与对方接触时如蜻蜓点水般一掠而过，也会让对方感觉他毫无沟通的诚意，所以对方不愿意与他继续沟通也是很正常的。而柯林斯在握手的时候，则采取了平伸双手、略作停留的方式，向对方传达出了一种信号——"我们是平等的，让我们友好交流吧"，所以对方会在不知不觉中对柯林斯产生好感，也愿意向他提供一些有价值的信息。

通过这个案例，我们可以看出握手在沟通中确实能够发挥出非常重要的作用，特别是在与陌生人沟通或出席一些比较重要的场合时，能够主动伸出双手，就意味着我们有可能获得一个非常理想的沟通开局。

那么，当我们准备向他人伸出双手的时候，需要注意哪些细节呢？对此我们可以参考破案专家们的一些做法：

1. 在握手时考虑沟通对象的特点

在沟通时，我们首先要根据沟通对象的特点来决定是否需要握手以及何时伸手最为合适。比如，一位破案专家就是这样做的：当他遇到了年轻的女性、外国友人时，出于尊重的考虑，往往不会主动伸手，以免让对方感觉受到了冒犯。另外，他与年长者、上级进行沟通时，如果对方并没有打算握手的意图，他也不会贸然伸手，而是会根据对方的反应，用微笑、点头致意等反应来代替握手。当然，若是对方主动伸出了双手，他也会及时回应，会给予对方热情的回握，同时身体微微前倾，表现出自己积极的态度。这些经验都是我们在沟通中可以借鉴的。

此外，破案专家还提醒我们，在握手的时候，一定不能因为对方的身份、地位不同而区别对待，应该一视同仁。假如对方是一个身份、地位比较卑微的人，在其向我们伸手时，我们也不能摆出高傲的样子，故意不与其握手；假如对方是一个位高权重的人，我们在握手时态度则要表现得从容、自然，不能谄媚地紧紧握着对方的手不放，那样反而会引起对方的反感。

2. 在握手时注意基本的礼仪

破案专家提醒我们，在握手时应当伸出自己的右手，这是约定俗成的习惯。当然有时为了表示热情，也可以伸出双手与对方相握。另外，在与他人握手的时候，应当用双眼注视着对方的面部，同时面带自然的微笑，使对方有一种如沐春风的感觉，这会对之后彼此之间顺利沟通提供不少帮助。有的人在握手的时候眼睛回避对方的脸，东张西望，显得心不在焉的样子，这绝对是沟通的大忌，会让对方感觉受到了轻视，所以一定要注意避免。

此外，破案专家们在握手时还会注意摘掉手套、礼帽等配饰，这样也会让对方有一种受到了重视的感觉。不过有些人的手心容易出汗，为了避免在握手时让对方感觉不适，可以事先用纸巾、手帕将手掌擦拭干净，这样就不会在握手时给对方留下不好的印象了。

3. 在握手时注意力度

握手并不是力气越大、握得越紧越好，如果过于用力难免会让对方感觉疼痛，就会让对方感觉不快；当然，握手时也不能过于轻飘无力，轻轻一碰就放开的握手会让对方感觉不到沟通的诚意。所以破案专家指出，握手时要注意力度适当，为了掌握这种力度，平时可以在私下场合邀请同事、家人配合训练，使自己能够掌握最佳的握手力度。

需要指出的是，在握手的时长方面，破案专家也会根据对象区别对待。比如，在和关系亲密的沟通对象握手时，时间可以略长一些，并可以一边握手一边寒暄，以拉近彼此之间的关系；而要与关系一般或完全陌生的沟通对象握手，则要避免长时间握着不放，以免让对方产生反感，所以握手时间最好不要超过5秒。此外，男性与年轻女性握手时，时长更要短一些，千万不要紧紧攥着不放，这会引起女性的强烈反感。

做好自我介绍，获取对方信任

在沟通开场时，自我介绍也是必不可少的环节。很多人却常常不太重视这个环节，觉得自我介绍就是"自报家门"，只要向对方说明一下自己的名字即可。但美国 FBI 的一位破案专家杰森却告诉我们，自我介绍也是一门学问，需要我们把握好技巧和尺度，才能让对方在知道我们是谁的同时还能产生出尊重和信任的感情。

对于杰森来说，他一般会在刚开始沟通时就说清楚自己的姓名和职业身份，如果对方有疑问的话，他还会进行必要的解说，同时还会出示自己的证件，这样就能够打消对方的疑虑，并会让对方更加重视他所说的每一句话。

2018 年 3 月，杰森奉命调查一位韩裔嫌疑人，此人在一个月的时间里频繁出入美国国境，形迹十分可疑，自然引起了 FBI 的高度关注。

FBI 查到了嫌疑人所在的公司，并派杰森对此人进行调查。杰森决定先给嫌疑人打个电话，预约一下见面时间，但对方的电话无人接听。杰森就礼貌地留言道："您好，我是 FBI 特工杰森，希望您能抽空跟我谈谈，我的电话是……"

杰森等待了一天后，对方并没有回复。于是杰森第二次打了电话，这次拨打的号码是嫌疑人家中的电话，杰森想用这种办法提醒对方，他的情况已经尽在 FBI 的掌握中，所以不要再做无谓的逃避。这一招果然奏效了，嫌疑人同意与杰森在一家餐馆会面。

第二天，杰森终于见到了嫌疑人。一看见对方，他就微笑着去握手，同时自我介绍道："李先生，您好，我就是给您打了两次电话的 FBI 特工杰森，我在反恐事务部门工作，想向您了解一下您在这段时间的出入境问题。"说完之后，杰森为了打消嫌疑人的怀疑，还特意从胸前的口袋里掏出了证件展示给嫌疑人看。

嫌疑人对他的身份倒是深信不疑了，可是却不客气地提问道："你们 FBI 不是负责谋杀、爆炸之类的事件吗？我可是良民，我跟你没什么好谈的，咱们还是别浪费时间了吧。"

杰森一听就笑了起来，他耐心地解释道："李先生，您可能对我们 FBI 有一些误解，其实我们有很多职能，比如我们部门就需要经常了解一下境内外国人的活动情况。如果您确实是'良民'，只要配合我把情况说清楚，自然就没事了。"

对方听完，表情变得轻松了一些："这么说你们不会故意找我的麻烦？"

杰森点头道："当然不会，FBI 也不总是打打杀杀的，我们只有在掌握了犯罪证据的前提下才会有所行动。所以请放心吧，现在咱们只是随便聊聊而已。"

这下对方松了口气，他开始认真回答杰森提出的问题，并告诉杰森自己确实是因为公事才会频繁出入境，而且还愿意将自己的工作活动记录全部提交给杰森，杰森也对他的配合态度非常满意。很快，双方就在轻松愉快的氛围中完成了沟通。

破案专家杰森在与嫌疑人进行沟通的时候，很注重做好清晰而明确的自我介绍。他不但说明了自己的姓名、职业、工作部门，还简单地介绍了自己的来意，并出示了工作证，使得对方对他的身份不再怀疑，对他所说的话也更加信任。之后，由于杰森发现对方不了解自己的工作职能，就用通俗的说法又介绍了一番，使得对方打消了顾虑，愿意接受杰森的调查，也让之后的沟通进行得十分顺利。

从杰森的沟通技巧中，我们可以学到做自我介绍的一些注意事项：

1. 做自我介绍的时候应当表现出足够的自信

自我介绍可以说是沟通的一块"敲门砖"，能够给对方留下深刻的印象。为了取得对方的信任，我们务必表现得自信一些，声音要洪亮有力，音调要稳定，表情要自然大方，可以像特工杰森这样一边微笑一边做自我介绍。这样我们表现得越是落落大方，就越会得到对方的好感和信赖。相反，要是我们连介绍自己的情况都吞吞吐吐、手足无措，那肯定会引起对方的怀疑，对沟通也会产生不利影响，所以我们平时应当多对镜练习几次，这样介绍起自己的情况来就会更加流畅自然了。

2. 真诚地介绍自己，不要夸大其词

破案专家指出，在介绍自己的情况时，一定要把握真诚的原则，即按照事实情况，如实地介绍自己的姓名、职位、职务、工作单位等，不能为了博取对方的信任故意抬高自己的身份，或是夸大其词地描述自己有什么成就。因为现在网络技术发达，对方完全可以很快查证到我们的身份，到时若发现我们有意欺骗，会引起对方的强烈反感，沟通也就会陷入僵局。所以如果我们想要在初次见面时就能和对方建立良好的关系，就应当保持诚恳的态度，真诚、礼貌地介绍自己。

3. 抓住重点介绍，并要注意详略得当

在进行自我介绍的时候，我们要注意抓住重点，不要长篇大论地讲述自己的情况，而是要抓住最能让对方产生深刻印象的内容讲清楚。比如，破案专家在与证人、嫌疑人沟通的时候，要着重讲清楚自己来自什么部门，担任什么职位等信息，而这也是对方最为关心的，介绍清楚后就能让对方产生信任感和尊重感。不过要是在求职面试等场合，因为面试官会比较关心我们过去取得的具体成绩，所以我们可以适当介绍一些这方面的例子，但也要有所取舍，要重点讲与这份工作有直接关系的例子，而且也要注意详略得当，才能达到理想的效果。

需要提醒的是，在自我介绍的过程中，如果对方产生了疑问，我们要及时进行解答，以免在对方心中留下疑团，那就会影响到后续的沟通效果。

就像在本节案例中，沟通对象对破案专家的工作职能提出了质疑，破案专家没有表示出不满，而是立刻做出了解答，使得沟通对象完全打消了疑虑。如此一来，沟通对象不但更加配合交流，还对破案专家生出了很多好感。像这样的自我介绍的办法无疑会成为沟通的桥梁，会让沟通产生事半功倍的良好效果。

寻找话题，别让沟通陷入尴尬

对于破案专家来说，学会寻找话题也是沟通开场时必须要掌握的技巧。在很多情况下，破案专家们都要与初次谋面的证人、嫌疑人打交道，双方之间本来就存在一定的距离感，如果不能及时找到话题打破这种距离感的话，就难免会出现令人尴尬的"冷场"，沟通也就很难顺利展开了。

正是因为这样，美国加利福尼亚州警察局的警探亨利·斯坦伯格这样说道："和陌生人沟通的时候，如果出现了冷场，我就会以一个恰当的话题做切入点，这可以引起对方的交流兴趣，有时候还能让对方对我萌生不少好感，这往往能够让对方从'无话可说'变成'侃侃而谈'。"

2017 年夏季的一天，斯坦伯格曾经到加州欧文市的一家公司进行调查，当时他的调查对象是该公司的一名叫钱斯的高级行政人员。

钱斯是个内向的人，在与斯坦伯格打了个招呼后，就不再开口，表情看上去也很是严肃，场面一时陷入了尴尬的寂静。斯坦伯格决定找个话题缓解氛围，他一边微笑地说着寒暄的话语，一边快速地扫视了一遍办公室，忽然发现在钱斯的办公桌上放着一本摊开的集邮册，旁边还有一个小镊子，显然钱斯之前正在欣赏自己收藏的邮票。

斯坦伯格灵机一动，立刻决定以此作为话题展开交谈。他用美慕的语气对钱斯说："没想到您也喜欢收藏邮票，我也有这个爱好，不过比起您可就差远了，我看您这里有很多邮票都是难得一见的珍品啊。"

一听这话，钱斯就像换了个人似的，态度马上变得热情起来。他主动起身，将集邮册递给斯坦伯格，还滔滔不绝地讲起了自己收集这些珍贵邮票的有趣故事，语气中充满了自得。斯坦伯格也顺势恭维了他几句，更是让他十分开心。

接下来的时间里，两人越谈越投机，关系也变得亲密了不少。半个小时后，斯坦伯格看了看时间，带着惋惜的表情对钱斯说："跟您聊得实在太开心了，可惜我还有些事情要调查，咱们先谈公事，以后我再找机会向您请教集邮的知识吧。"

钱斯对此也表示理解，因为对斯坦伯格很有好感，他也愿意配合调查，不但如实回答了斯坦伯格提出的一些问题，还叫来了秘书，把一些与案件有关的文件、表格、信件的复印件全部上交，让斯坦伯格"满载而归"。

在遇到沟通冷场的时候，斯坦伯格能够快速找到对方最感兴趣的话题，并由此切入，激发了对方的交流兴趣，使得沟通能够顺利完成。这种沟通技巧是值得我们借鉴的，在现实生活中，当我们面对陌生人或不太熟悉的人的时候，就可以用这种技巧调节有些尴尬的氛围，并可以消除对方紧张或戒备的心理，让对方愿意吐露更多信息，沟通也就能够取得更好的效果。

那么，在沟通中可以从哪些方面去寻找话题呢？破案专家们也已经总结出了一些切实可行的经验供我们参考：

1. 从对方的业余爱好寻找话题

如果对方谈兴不高，我们就可以像案例中的破案专家斯坦伯格一样，先留心观察对方的爱好，然后从这个爱好入手，找到一个合适的话题。一般对于这样的话题，对方会马上给予高度的关注，他们不但会积极地回答问题，还会主动透露一些信息，沟通的氛围也会变得友好而和谐。

当然，想要达到这种效果，就需要平时多多进行训练，并要学会抓住细节，才能立刻找到对方的爱好所在。破案专家们久经考验，常常能够迅速做到这一点，比如他们看到沟通对象家里有很多盆精心栽种的花卉，就猜测对方的爱好是种花，于是就以此为话题，谈一谈种花的经验和乐趣，这自然能够快速拉近双方之间的距离，甚至还能让对方产生一种"相见恨晚"的感觉，沟通自然就会顺畅得多了。

2. 从对方的得意之处寻找话题

每个人都渴望获得别人的赞美，如果这种需求能够在沟通中得到满足，他们就会觉得非常愉悦，也就不会再对沟通产生抵触情绪了。因此，破案专家们还很善于拿对方的得意之处"做文章"，这会让对方十分自得，他们往往会情不自禁地打开"话匣子"，主动说出更多的信息。

比如，一位 FBI 探员在拜访一位小说家时，就握住对方的手，用真诚的语气赞美道："我刚刚拜读过您的新书《恶魔的思考》，这是我近年来看过最棒的侦探小说，看完第一页就舍不得放下了……"小说家本来对接受调查有些介意，可是一听到探员的赞美，再加上这本书也确实是自己的得意之作，不免心中有些"飘飘然"，脸上露出了微笑，态度也热情了很多，探员也成功地从小说家口中套出了不少有价值的信息。

3. 从双方都熟识的第三人身上寻找话题

有的时候我们与对方是初次见面，对对方的情况很不熟悉，一时又找不到合适的话题，那么也可以寻找双方都认识的第三人来作为沟通的突破口，这常常也能消除一些陌生感，对沟通的顺利推进很有帮助。

比如，一位警官在和一名证人沟通时，感觉对方非常拘谨，一度导致谈话无法进行下去。于是警官貌似不经意地提起了一位同事，证人之前和这位同事打过几次交道，留下了深刻的印象，也就很自然地和警官一起谈起了这位同事的一些趣事，谈话气氛变得和谐愉快多了。之后证人也不再拘束，将自己知道的情况都告诉了警官，沟通的目的也圆满达成。

除了上述这几点，我们还可以找一些对方可能会有交流欲望的话题，比如当前备受瞩目的时政要闻、社会上刚发生的一些热点问题、对方所在公司的正面信息等，这些话题都有可能激发对方的谈兴，也就能够有效避免沟通"冷场"了。不过这也需要我们在沟通前精心准备一些有用的资料，才能在找话题时做到"信手拈来"。

用幽默开场，让沟通步入快车道

在沟通开场时，如果实在寻找不到有价值的话题来打破尴尬，那就不妨采用幽默的方式，说几句好笑的话，以此调节双方的情绪，活跃沟通的氛围，同时也能让对方的注意力集中到我们身上，这样后续的沟通就会进行得更加顺畅。

很多破案专家也很擅长用幽默来作为沟通时的"润滑剂"。一位来自澳大利亚新南威尔士州的女警官奥利维亚就很擅长此道，她曾经这样说道："我发现一般人在面对我们这些执法者的时候，总是会有些紧张和胆怯的情绪，所以我会在一开始沟通的时候，就适当地开个玩笑、讲个笑话，或说几句俏皮话，引得对方发笑之后，对方的心情就会放松很多，还会对我产生不少好感。"

有一次，奥利维亚与一名大学教授相约在某地见面，不料当天出门的时候正好赶上天降暴雨，偏偏警车又抛锚了。幸好剩下的路程只有十几分钟，奥利维亚便撑着伞徒步赶到了目的地。

此时教授已经等待了半个多小时，当奥利维亚终于出现在他眼前的时候，他吓了一跳，只见奥利维亚的头发和警服都被雨水淋湿了一些，样子非常狼狈。教授本来心情就有些紧张，见此情景，就更觉得尴尬，不知该说些什么才好。

奥利维亚为了让教授放松一些，就微笑着用轻松的语气幽默地说："实在抱歉，让您久等了。虽然我在警察局的公共关系科工作了十多年，可还是没能和气象局搞好关系。您看，他们总是故意为难我，出门的时候也不

通知我一声会下暴雨，要不我就不会搞成这副'落汤鸡'的模样，也不会让您白白等待了……"

听到这里，教授忍不住微笑起来，还顺着奥利维亚的话开玩笑道："我觉得您和他们搞好关系也没用，要知道，这座城市的天气预报就没几天准确过。"说到这里，两人都忍俊不禁地笑起来，刚见面时的尴尬都被抛到了九霄云外。与此同时，奥利维亚也给教授留下了很好的印象，双方在交谈时毫无阻碍，奥利维亚很快就收集到了自己需要的信息。

在沟通开场，为了化解尴尬，缓解对方紧张的心情，奥利维亚警官适当地开了个玩笑，让对方顿时觉得轻松了很多。之后双方的沟通过程也变得非常愉快，从而能够更快地达到沟通的目的。

由此可见，幽默对于沟通来说是非常重要的，掌握一些基本的幽默技巧，在与人交流的时候就能做到如鱼得水，而我们在对方眼中也会显得风趣机智、充满魅力。

以下就是破案专家经常会使用的一些幽默技巧，可供我们参考使用：

1. 用适度夸张的方法制造幽默

夸张是一种修辞手法，但也是破案专家屡试不爽的一种幽默手法。他们会在沟通中运用自己丰富的想象力，对事实进行适度的夸大，从而造成一种强烈的喜剧效果。比如，一位警官在非常炎热的天气里外出办事，当他来到沟通对象所在的公司后，就掏出了纸巾，一边擦汗，一边幽默地说："这天也太热了，眼看着我就快要被蒸熟了，幸好你们的空调救了我一命。"这种夸张的说法让对方不由得笑了起来，沟通也在愉快的氛围中开始了。

2. 用故意曲解的方法制造幽默

故意曲解对方的意思，也能产生强烈的幽默效果。当然这需要我们从语言的歧义性和模糊性出发，才能找到曲解的落脚点。比如，一位破案专家准备就一个案件向社会发布公开声明，谁知还没开始讲话，就接到了听众传来的纸条，上面只写了两个字"蠢驴"。破案专家知道此人是想看警方的笑话，为了不让对方得逞，破案专家就故意曲解对方的意思，对着台下的听众说："我刚才收到了一封信，可惜上面只写了对方的名字'蠢驴'，却没有写内容。"听到这句话后，台下响起了哄笑声，大家都很佩服破案专家的机智和风趣，而破案专家以此作为沟通的开场，也取得了良好的效果。

3. 用对比的方法制造幽默

在沟通中将看似风马牛不相及的事物或概念联系在一起进行比较，可以产生强烈的不协调感，这种明显的反差感也能达到幽默的效果。比如，一位其貌不扬的警官在与知情人沟通时，发现对方对谈话缺乏兴趣，便讲了这样一句幽默的话："您和我对话，是不是觉得一分钟像一小时那么漫长？要是我的上级能换一位漂亮的女警官来与您对话，您肯定不会这么难熬，说不定会觉得一小时就像一分钟那么短暂。"在这里，这位警官就用了对比的方法，用自己的其貌不扬与女警官的美貌相对比，用一小时和一分钟的时长相对比，产生了非常诙谐的效果，也让对方忍俊不禁，对方对谈话的兴趣也就会变得比较浓厚了。

4. 用正话反说的方法制造幽默

在沟通中故意用意义相反的词语来表达本义，可以产生强烈的反差效果，从而能够形成含蓄和耐人寻味的幽默境界。比如，一位警官在拜访一位小提琴家的时候这样说道："我去听了您的演奏会，发现了一个严重的缺点。"这位小提琴家吃了一惊，正想问警官觉得有哪里不足。没想到警官却说："您的缺点就是过于完美了，害得我连续好几天都沉浸在乐声中难以自拔，听其他音乐都觉得索然无味。"其实，警官的本意是想对小提琴家进行恭维，但他故意从反面来表达赞美的意思，反而能够给对方留下强烈的印象，更能带给对方长久的回味，而且话语中蕴含的风趣诙谐的意味，也能让对方听完后会心而笑，这对于沟通的顺利进行能够产生很大的帮助作用。

5. 用自嘲的方法制造幽默

嘲笑自己的缺陷或失误，是一种非常"安全"的制造幽默的办法。如果自嘲的话语足够巧妙，不但能够引得对方开心一笑，还能让对方佩服我们的豁达态度。比如，一位过早谢顶的警官在和一名年轻的证人会面的时候，就一边和对方握手，一边用幽默的语气说道："您可真是一表人才、年轻有为啊。相比起来，我就糟糕多了，您看，我头顶都已经寸草不生了，唉，真是怀念过去年轻的时候啊。"警官在对自己的缺陷自嘲的同时也用幽默的话语巧妙地恭维了对方，让对方非常开心，双方之间的距离也拉近了，之后的谈话氛围变得非常融洽。

当然，在沟通开场制造幽默的办法还有很多，我们可以向破案专家学习，并要注意在平时多积累一些幽默的素材，这样在沟通中应用起来就会更加得心应手了。

需要提醒的是，在用幽默的方法沟通时要注意分寸，不能说一些内容不健康或低级趣味的笑话，也不能拿对方的生理缺陷和个人隐私打趣，否则就会引起对方的强烈反感，还会给对方留下轻浮、不可靠的坏印象。

另外，幽默也不能冲淡沟通的主题，千万不要一开起玩笑就没完没了，却忽略了沟通的本来目的，那会把对方的思路越带越远，最终只会导致沟通失败，所以我们一定要避免犯这样的低级错误。

第三章

语言沟通法：说话到位，逐步掌控沟通主动权

恰当措辞，让你的每句话都更有力量

措辞，就是在沟通之前，要深思熟虑，精心选用最恰当的句子、词语，以便能够让对方充分接收到我们想要表达的意思，同时也能让对方体会到我们要传达的情绪。对于老练的破案专家来说，措辞可是一门需要深入研究的学问，因为哪怕是一个字的不同，都会引起沟通对象截然不同的反应。

法国萨瓦省的资深警察希瑞兹就这样说道："我必须小心地准备我的措辞，特别是当我面对那些犯罪分子的时候，我必须展现自己的专业资格和身为执法者的权威性，所以我一定会字斟句酌，以便让自己的每句话都能够充满力量，让对方能够深深折服。"

希瑞兹曾经遇到过这样一个颇为危险的案件。当时，希瑞兹收到线报，说一名毒贩正藏匿于当地的一个农场。由于时间紧迫，希瑞兹来不及等待同事支援，就独自赶往该农场。

当他到达的时候，毒贩也收到了消息，正准备转移到其他地方，不想却正和希瑞兹在大门口撞了个正着，双方都愣住了。毒贩手中正好拿着枪，他顺势举枪对准了希瑞兹，希瑞兹来不及掏枪，处在了弱势地位，但他知道自己此刻无论如何都不能露出胆怯的表情，否则就会难逃一劫。

于是希瑞兹做出气定神闲的样子，对毒贩说："我想你一定听过我的名字，我是反犯罪大队的王牌探员希瑞兹！"

毒贩脸上露出了疑惑的表情，但他仍然做出凶狠的样子道："知道又如何？我一枪就可以干掉你，他们一定会说希瑞兹是个没用的废物。"

希瑞兹哈哈大笑："想干掉我的人很多，还不是统统被我送进了监狱。

安东尼、阿方索都被我抓住了，我看你也不例外。"希瑞兹提到的名字都是毒贩的同伙，毒贩每听到一个名字，就会不自觉地颤抖一下，显然他的意志力正在遭受不小的打击。

希瑞兹见此情景，立刻说道："我向一个名叫路易的孩子承诺过，必须把你安全带回警察局。我奉劝你放下武器跟我走，我的同事都在外面等着你呢！"

路易是毒贩的儿子，毒贩一听到这个名字，脸色就变了，他猜测自己的家人可能已经被警方控制住了，又听希瑞兹说外面还有同事，他顿时失去了继续顽抗的勇气，垂头丧气地放下了枪。希瑞兹这才从容不迫地掏出手铐，将毒贩逮捕归案。

希瑞兹在与毒贩沟通的过程中，对于措辞可以说是非常谨慎的，他首先明确指出了自己隶属"反犯罪大队"的身份，还给自己安上了"王牌探员"的头衔，同时用"你一定听说过我"这种有些故弄玄虚的说法，让对方从心理上受到震慑，不敢轻举妄动；之后在毒贩恐吓说要开枪的时候，希瑞兹毫不胆怯，反而指出自己曾经抓捕过多名毒贩的犯罪同伙，让毒贩在心理上产生了畏惧感；为了进一步从气势上压倒毒贩，希瑞兹还提到了毒贩儿子的名字，并表明自己并非只身前来，而毒贩除了举手投降以外没有别的选择。这一系列的沟通心理战之后，希瑞兹完全掌控了沟通的主动权，毒贩嚣张的气焰也被彻底压制了。

从希瑞兹巧妙的措辞中，我们可以学到不少实用的经验。在平时与人沟通的时候，如果能够活学活用这些经验，就能够让自己说出的话语更有"力量"：

1. 语气要格外坚定

坚定的语气可以让我们表现得更加自信，也更能让对方信服。而这需要我们稍微放大音量，用不容置疑的语气将脑海中想好的措辞不紧不慢地说出来。在说话的同时，还要用平静、坦然的目光看着对方，千万不要躲躲闪闪，否则就会给人"虚弱"的感觉，话语也会缺乏力量。

另外，为了让我们的语气更显坚定，破案专家提醒我们要注意避免使用一些带有不确定性语气的词语，如"可能吧""是这样的吧""你说呢"这会在无形中削弱自己的权威性，很难获得对方的信服。

2. 话语要简洁有力

想要让对方折服，就不能啰啰唆唆地说一大段不着边际的话语，那样既会削弱话语的力度，也会让对方失去耐心，不愿再继续听下去。所以破案专家们一般都会用最简单明了的措辞来表达自己的意思，话语虽不多，但逻辑非常清晰，而且字字精辟，简短的话语中常常包含着深刻的内涵，这就会给沟通对象留下深刻的印象，使他们不敢轻视大意。

3. 选用带有"力度"的词语

除了语气要坚定、话语要简洁，我们在措辞时还要注意多选择一些有力度的词语，这种词语带着一种从容不迫的气势，会让话语变得更加铿锵有力。

比如，破案专家们经常会说的"一定""必须""肯定""毫无疑问""无可奉告"等，听上去就让人觉得气势十足。哪怕有的沟通对象做出了强硬的姿态，但是在感受到这种气势后，他们也会受到震慑，不得不改变自己蛮横的态度。

此外，在措辞的时候，我们还要注意揣摩对方的心理，要找到对方的弱点或是其最担心的事情，然后由此出发组织语言，在说出之后就会让对方有一种被彻底看穿的感觉，对方就不会再"耍滑头"，而是会老老实实地进行沟通。

逻辑缜密，让对方的思路跟着你的话语走

在沟通中组织语言的时候还要考虑到逻辑方面的要求，有的人在这方面有很多欠缺，他们常常把简单的事情说得烦琐难懂，自己讲得口干舌燥，沟通对象却感觉"一头雾水"，完全弄不明白他们到底想要表达什么。结果不但没能把事情说清楚，还会给对方留下了表达能力差、逻辑不清晰的坏印象，更谈不上达到沟通的目的了。

破案专家们当然不会出现这样的错误，他们在开口讲话前，总是会在脑海中先梳理好自己的逻辑思维，然后快速地组织好语言，让自己说出的话语内容清晰、层次分明，这样对方一听就能明白用意，而且思路还能始终跟随着破案专家的话语，使得沟通的效果不断提升。

以下是一份针对一起抢劫杀人案件的讯问笔录，我们可以从中领略破案专家在沟通时逻辑的缜密性：

警官：冯××，现在开始讯问，请你务必如实回答我的问题，坦白从宽，抗拒从严，我相信你明白这个道理。

嫌疑人（连连点头）：我明白。

警官：冯××，我问你的第一个问题是，你的鞋印为什么会出现在案发现场？还有第二个问题，我们从你的宿舍搜出来的匕首和血衣是怎么回事？请你交代清楚。

嫌疑人：（低头不语，表情紧张）。

警官：匕首和衣服上的血迹我们已经化验过了，确实属于死者。你还是交代吧，这样至少对得起自己的良心！

嫌疑人（思想斗争后）：人的确是我杀的。

警官：我很欣赏你的诚实。现在说说你在案发当天做了什么吧，就是5月11日，你好好回忆一下。

嫌疑人：那天早上我接到了家里的电话，说我母亲病重，急需一笔住院费。我非常着急，马上冲到打工的地方，找老板提前支取下个月的工资，但却被老板拒绝了。当时我心情很不好，就回宿舍睡了一下午。

警官：你在宿舍睡了一下午，那晚上做了什么？

嫌疑人：我醒来后仍然觉得不舒服，又担心我母亲的身体，就想找个地方痛快地大醉一场，所以我就找了个路边的小馆子喝酒。

警官：那么，你是在什么时候遇到死者的？

嫌疑人：我一直在喝酒，好像喝到11点多，付了钱，钱包里全空了。我也不想回宿舍，就在马路上闲逛。没多久我就看到死者了，他打扮得很时尚，一身都是名牌，手里还拿着高档手机，我越看他心里越不平衡，就想把他的手机和钱包抢过来。

警官：你已经抢了他的东西，为什么还要杀害他呢？

嫌疑人：我真没想杀他，是他非要跟我搏斗，死死抱住我的腿，怎么都不肯放过我。我被他逼得没办法，在身上一摸，恰好有把匕首，我就随手掏出来给了他一刀，没想到刚好刺中要害，他的血喷了我一身……我后悔啊，我真得后悔死了，我现在只要一闭眼，就能看见他的样子……

警官：你先冷静，不要激动……行了，今天的讯问就到这里，你可以回去休息了……

在这次讯问中，警官在与嫌疑人沟通时，话语做到了逻辑分明、有条有理。首先，警官用"坦白从宽、抗拒从严"来对嫌疑人施加心理压力，然后问了他两个问题，使他明白警方已经掌握了足够的证据。嫌疑人见无可抵赖，只得承认自己确实犯下了罪行。之后警官先是对嫌疑人主动交代的态度进行了赞许，又按照时间逻辑顺序引导嫌疑人一步步梳理案发当天的事件经过。在这个过程中，警官每一次提出的问题都能恰到好处地指引嫌疑人的思路，使得嫌疑人清楚地交代了自己的犯罪经过、犯罪动机，讯问也得到了理想的结果。

从这个案例中，我们可以学到让沟通变得有条理的几个好办法：

1. 先明确自己要沟通的主题

很多人在沟通的时候语无伦次、条理混乱，主要是因为他们还没有弄清楚自己要沟通的主题，结果在谈话时就带有了随意性，很容易让有效的沟通变成浪费时间的闲聊。为了避免出现这种情况，我们就应当像破案专家一样，一开始就十分明确自己沟通的主题和想要达到的目标，然后从主题出发去寻找对话素材，再组织好对话的内容，这样在沟通时就不会出现漫无边际的情况了。

2. 厘清自己的说话层次

在沟通时想要像破案专家这样把话说得清楚明白，让别人一听就懂，就要注意把握好说话的层次。比如，我们可以先说出自己的结论或观点，然后再逐一进行说明，这样的好处是不会给沟通对象增加思维负担，使他们马上就能明白我们想要表达的主要意思。

在具体进行说明的时候，如果想要表述的内容比较多，为了让对方的思路不会发生混乱，我们就可以用"第一点""第二点""第三点"的结构进行分点叙述，而且要把最重要的内容放在第一点讲明，这样也能方便对方针对重点问题进行思考和回答。

3. 表达时把握逻辑顺序

按照人们的思维习惯，我们还可以用逻辑顺序来进行有条不紊的表达，这也是破案专家常用的办法。比如，按照时间顺序将有时间先后关系的信息组织起来进行阐述，对方的思路会更加清楚明白；再如按照总分顺序先讲清楚整体的信息，再分开讲部分的信息，最后进行总结阐述，这样也会减少对方理解的难度；此外，如果信息之间有因果关系，我们还可以采用从原因到结果或从结果到原因的顺序来进行表达。

　　像这样找到了话语中的逻辑顺序，我们在说话时就能做到思考清晰，逻辑严密，并能够抓住要点、言简意赅，如此也能够一直牵引着对方的思路跟着我们的话语走，因而能够产生良好的沟通效果。

问对问题，引导对方深入交流

在沟通中，提问是必不可少的环节。问对了问题，不但能够获得想要的答案，还有可能帮助我们掌握沟通的主动权，让对方不得不跟着我们的思路走，最终能够取得良好的沟通效果。对此，一位来自美国密歇根州底特律市的破案专家克里斯说道："当我发现沟通对象顾左右而言他，不肯吐露实情的时候。我就会问一些让他无法回避的问题，然后根据他的反应一点点地接近真相。在这整个过程中，通过提问，我能够牢牢地掌握沟通的主动权，并最终获得我想要的结果。"

在多年工作实践中，克里斯已经形成了自己的一套提问模式，他很擅长用这种模式与沟通对象进行交流。在下面这个案例中，他就通过一次次提问让一名嫌疑人逐渐放弃了抵抗，并最终主动承认了自己的罪行：

2013 年，美国密歇根州底特律市发生了一起残忍的虐童案件。一名 3 岁女童遭人殴打后失去了意识，被送往医院抢救，医务人员发现女童全身伤痕累累，其中有很多是旧伤，很显然，女童一直在遭受某人的虐待。

接到了医院的报警后，当地警方快速出动，很快就查清了女童的家庭关系，并逮捕了第一监护人——女童的继母，34 岁的啤酒厂女工米歇尔。但米歇尔却矢口否认自己的罪行，而且态度非常强硬，始终不肯配合警方的讯问。

时任副局长的克里斯不得不亲自审问米歇尔，为了不让沟通再一次走向僵局，克里斯选择用一种听起来毫无威胁的提问来让米歇尔放下戒心。

克里斯这样问道："米歇尔，作为一个母亲，请问你如何评价你自己？"

米歇尔目光闪烁，似乎在编织谎言。过了一会儿，她用一种听上去不太自信的语气回答道："我当然是个称职的母亲。除了，嗯，我确实有那么一点严厉。"

克里斯不置可否，马上抛出了下一个问题："那么你觉得你的继女是个什么样的孩子？"

这下米歇尔的反应就快多了，她几乎不假思索地说："那是个难伺候的孩子，她总是哭，身上还脏兮兮的。对了，她很顽皮，总是爬上爬下，所以你会看见她总是受伤。"

米歇尔似乎想给孩子身上的伤找个合适的借口，克里斯摇了摇头道："米歇尔，你认为警方有没有能力判断孩子身上的伤是怎么形成的？"

米歇尔的脸上露出了恐慌的表情，但她继续顽抗道："好吧，她是被打伤的。但不是我做的，可能是别人……"

克里斯冷笑着说："有证人反映，孩子进医院抢救之前的 24 小时内，都和你一起在家中度过，没有别人接近孩子。你对此有什么解释？"

米歇尔更加慌乱了："我并没有一直和她待在一起，我中间出去过好几次，去过超市，还去过酒吧……"

克里斯打断了她，生气地问："这么说你把一个 3 岁的孩子丢在家里，就这么离开了？你一直都是这么照顾孩子的？你不是说自己是称职的母亲吗？"

一连串的问题打垮了米歇尔的意志，她想要继续狡辩，却说不出一句完整的话来。

克里斯带着遗憾的表情问道："如果你真是一个好母亲，为什么我们连续审讯了你两天，你却一句都没有问起孩子的情况呢？"

这个问题让米歇尔彻底哑口无言，最终，她放弃了一切抵抗，承认了自己长期虐待继女的罪行。

在这个案例中，我们可以看到，由于沟通对象拒不配合、谎话连篇，使得沟通无法正常进行下去。在这种情况下，破案专家通过巧妙的提问技巧，让对方放松了警惕，破案专家又通过一连串问题引导了对方的思维，让对方在证词中露出了马脚，并不得不讲明事情的真相。

由此也可以看出，学会提问对于掌握沟通主动权是十分重要的。那么，我们在向沟通对象提问时有哪些需要注意的要点呢？

1. 注意提问的方式

沟通中提问的方式可以有很多种。比如，可以做一些开放式提问，使对方可以自由发挥，给出自己的答案。这种提问形式比较宽松，能够激发对方讲出更多的想法和信息，便于我们把握对方的态度和心理。例如，"你对这个问题有什么看法？""你决定这么做的原因是什么？"就是开放式的问题，答案不唯一，对方回答时也没有什么严格的限制。

另外，我们还可以进行封闭式提问，就是给对方一个思考的框架，让对方在有限的几个答案中进行选择。比如，破案专家们就经常用"是不是""能不能""对不对""多久""多少"之类的词汇来提问，这就属于封闭式提问，它可以让对方的思路受到一定限制，并只能按照限定的思路来思考问题。在具体沟通的时候，我们可以灵活运用这两种提问方式来掌控对话的进程，并让对方的思路逐渐被我们影响。

2. 注意提问的目的

在沟通过程中，我们要始终围绕自己的目的来设计各种问题，不要天马行空地胡乱提问，否则会让对方感觉如坠云雾，同时我们自己的思路也会被全盘打乱，最终沟通就会变成没有意义的闲聊，根本无法达到我们想要的目的。

所以我们在沟通之前最好可以像本节案例中的破案专家这样，先设计一些问题，并可以设想一下对方的回答，然后挑选一些最有价值的问题，在沟通过程中适时地使用，就更容易实现我们沟通的目的了。

3. 提问要讲究语言艺术

破案专家还提醒我们，在提出问题时应当注意自己的表达方式。如果问题的表述过于复杂，就会让对方感到迷惑，并可能失去聆听的兴趣。所以深谙沟通之道的破案专家们都能做到提问时语言简单明确，让对方能够一听就懂，并可以激发对方讲述的欲望。

另外，在现实生活中，我们还要注意尽量用亲切和蔼的语言进行提问，因为与人沟通并不是要做审讯，如果一直使用生硬而咄咄逼人的语言来提问，就会让对方感觉尊严受到了侵犯，对方会心生反感，反而不利于沟通的顺利进行。

4. 提问要看准时机

在沟通中提问还要找准恰当的时机，不能过早或过晚。过早提问会打断对方的思路，让对方感觉很不礼貌，也会影响问题的解决；过晚提问则会失去引导对方的最佳机会。所以破案专家在沟通时会注意时时刻刻把握对方的思路，并通过对方的表情、声音、语调等来观察对方的心态，然后及时提出问题，使对方的想法能够跟着自己的思路走。

总之，在沟通中提问时应当注意技巧，而这需要我们像破案专家一样，要注意不断提升自己的思维能力、表达能力和人际沟通能力。久而久之，我们就能在沟通过程中学会从容自若地提问，并能够尽量了解和引导对方的意图，使得沟通取得比较理想的结果。

反复强调，强化最想让对方感知的内容

在沟通中，如果想要凸显某种意思或某种情感，就可以使用"反复强调"的语言艺术，这可以加深对方的印象，并可能影响对方的思维，使得对方不知不觉地思考我们强调的内容，从而可以帮助我们牢牢掌控沟通的主动权。

很多破案专家也会在沟通中使用这种技巧。一位来自美国洛杉矶警察局的佩雷斯警官就这样说道："如果我发现沟通对象对某个问题有所回避，不肯正面谈论的时候，就会抓住机会不厌其烦地反复强调，这样他的注意力就不得不集中在这个问题上，并且会按照我引导的方向说出很多信息。"

佩雷斯曾经使用"反复强调"的办法攻破了嫌疑人的心理防备，让他不得不在审讯中跟着佩雷斯的思路思考问题，最终坦白了自己的作案经过。

那是在2014年，佩雷斯所在的警察局辖区内发生了一起凶杀案件，嫌疑人是一名穷凶极恶的抢劫犯，有监控录像显示他在凌晨2点左右闯入了住在郊区的蒙斯先生家。警方推测他是在抢劫财物时与蒙斯先生发生了搏斗，并失手将其杀害。之后他索性一不做，二不休，又杀害了蒙斯先生的妻子和两个孩子。

然而，警方在审讯这名嫌疑人的时候，他却声称自己只带走了一些财物，没有杀人，至于那一家四口的死亡他也不知道是怎么回事。由于嫌疑人提前处理了现场和自己的血衣、凶器，警方一时之间找不到控告他的证据。

佩雷斯参与了审讯工作，他旁听了几次审讯后，发现了一个值得注意的细节：嫌疑人一直在回避"杀死""谋杀"这样的词语，在他的言语中，总是很小心地注意不提到这些词语。

佩雷斯认为这恰恰证明嫌疑人心中有鬼，于是他走进了审讯室，先是和嫌疑人随便聊了几句，让他放下了防备，之后突然发问："是不是你杀死了蒙斯先生？"

嫌疑人愣了一下，但马上反应过来："我没有，这个问题我已经回答过很多次了。"

佩雷斯注意到他仍然不肯说"杀死"这个词语，心中更加笃定了。他也没有继续追问，而是又和嫌疑人闲聊家常，等嫌疑人的意志再次松懈的时候，佩雷斯又一次大声质问道："是不是你残忍地杀害了蒙斯太太，你怎么能对一个手无寸铁的弱女子下毒手呢？"

嫌疑人吓了一跳，情绪开始变得不太稳定了，他有些慌乱地说："不是我，我没做过，不关我的事……"

从嫌疑人的话语中，可以发现他仍在努力回避那些关键词，并尝试用"做过"来替代"杀害"，可想而知他心中是多么害怕会被提到这些词语。

佩雷斯不动声色地绕过这个问题，继续说一些无关紧要的事情。可是嫌疑人已经坐不住了，他开始答非所问，佩雷斯知道他的思路已经受到了影响，现在满脑子都是案发时的情景，而且他越是害怕想起什么，大脑就越会不受控制地浮现出那些画面。

趁此机会，佩雷斯再一次发起了猛烈的攻击，他用手掌猛地在桌面上拍了一下，发出了响亮的声音，把嫌疑人吓得浑身发颤。接着佩雷斯用愤怒的声音咆哮道："你为什么要杀害那两个孩子，他们一个才8岁，一个连3岁都不到，你就这样残忍地杀死了他们，还有没有一点人性？"

这下嫌疑人彻底崩溃了，他瘫坐在椅子上，嘴大张着，脸上的肌肉抽搐着，嘴里还喃喃地说："我没想杀他们，我没想杀他们……"

佩雷斯冷笑道："没想杀，那你还是动手了。我奉劝你立刻交代自己的罪行吧！"

嫌疑人终于放弃了抵抗，他抬起戴着手铐的手，不停地捶打着自己的头。过了一会儿，他用懊悔的语气说："我只是一时冲动，我本来只想拿点值钱的东西，没想到……"

在这个案例中，我们可以看到，破案专家在与拒不合作的沟通对象交流的时候，发现他对某些字眼存在回避行为，为了让他直面罪行，破案专家就故意对这些字眼进行了反复的强调，而且总是在嫌疑人缺乏心理准备的情况下，出其不意地强调其罪行，使他的情绪变得惶恐不安，不知不觉地接受了破案专家的诱导，而破案专家则通过反复强调，完全掌控了沟通的主动权。

我们在平时沟通的时候也可以尝试采用这种"反复强调"的办法，以便加深沟通对象的印象并引导其思路，使得沟通能够按照我们的意愿顺利推进。

在具体应用这种方法的时候，破案专家提醒我们可以按照如下的步骤进行：

1. 找出让沟通对象回避的问题

在沟通中，我们除了要准备好自己的措辞，还要注意观察对方的反应，以便发现对方对哪些问题表现出了回避的态度。比如，对方对我们所说的问题避而不答或是闪烁其词，并试图岔开话题，或是对方十分刻意地用其他词语来代替某个词语，这些都能够体现对方的回避态度。这时我们就应该思考对方这么做的原因并尝试分析对方的心理，以便更好地掌握沟通的主动权。就像本节案例中的破案专家就发现嫌疑人十分回避"杀死""谋杀"之类的字眼，并由此分析出这可能是一种做贼心虚的表现。

2. 用无关紧要的话语让沟通对象放松戒备

为了让对方停止逃避，不得不正面沟通和交流，我们就需要对被回避的问题或字眼进行强调。不过破案专家提醒我们，为了达到最佳效果，最好先与对方聊一些无关紧要的话题，这会让对方不知不觉放松戒备，之后再进行强调工作，常常会让对方的感受特别深刻，也更容易达到沟通的效果。

3. 出其不意地强调关键词

在对方的状态非常放松的时候，我们就可以像破案专家一样，突然抛出一些被其刻意回避的关键词，使其周密的思考被完全打乱，强大的意志也会逐渐被削弱，这样对方就会在沟通中被我们"牵着鼻子走"了。就像在本节案例中，破案专家趁着嫌疑人松懈的时机，出其不意地强调"杀死""杀害"这样的关键词，还一次又一次地加重语气，从对嫌疑人正常讯问，到向其发出强烈的谴责，情感一步步深化，使得嫌疑人的心理防线全面瓦解，最终不得不交代了实情。

总之，"反复强调"是一种非常有效的语言沟通技巧，不过在应用时，破案专家也提醒我们要注意防止对方胡搅蛮缠影响我们思路的情况。如果碰到这样的情况，我们就要注意不能轻易地放弃自己的立场，要表现出坚定的态度，并要反复向对方强调我们要强调的内容，使得对方逐渐明确这一点：无论他如何巧言辩解，我们的立场不会改变。如此一来，对方就会放弃无谓的顽抗，沟通就也就能够按照我们预定的方向去进行了。

尊重他人感受，说话不能只顾自己过瘾

在现实生活和工作中，我们经常会羡慕那些破案专家的沟通能力，他们总是能够在各种沟通情境中表现得周到得体，让人们觉得与他们对话特别开心和舒服。而他们的秘诀其实很简单，那就是尊重他人的感受。

破案专家在沟通时，从来都不会只图自己嘴上过瘾，他们总是会先考虑一下"我这句话会给对方带来什么样的感受"，所以他们不会说过于直接的话，也不会说过于刻薄的话，更不会说伤及对方自尊的话。

在下面这个案例中，破案专家在进行语言沟通时，就做到了尊重他人的感受，并取得了良好的沟通效果：

2017 年，浙江省某市公安局下辖的一间派出所抓获了一名持枪抢劫杀人案的嫌疑人许某。此案发生于 10 年前，在这 10 年间，许某利用化名成功掩盖了身份，甚至还娶妻生子，过上了平静的生活。许某本以为自己可以逃脱法律的制裁，但终究还是被警方发现了踪迹。

在审讯中，许某无法接受自己被捕的事实，对警方的提问闭口不谈，使得审讯一度陷入了僵局。派出所副所长高明决定亲自审问许某，他首先安排人员将许某带到审讯室，当许某出现的时候，高所长和气地说："请进。"在其他民警看来，这只是高所长的一个无心之举，可是许某却颇受触动，用复杂的眼神看了高所长一眼。

待许某走到座椅前，高所长又说："请坐吧，你介意我抽支烟吗？实在不好意思，我的老烟瘾又犯了。"高所长说话的态度非常客气，就好像面对的不是犯罪嫌疑人，而是一个普通的沟通对象。许某愣了一下，半天

才反应了过来，连忙回答道："不介意，不介意，您抽吧。"

等许某坐好后，高所长用平静的语气说："许某，我今天不是来审讯你的，你不要担心。你的案子我一直都在关注，对你这个人也有不少了解，现在你就把我当成一个朋友，咱们聊聊人生，说说你这些年的故事，好吗？"

听着高所长的话，许某的眼中闪过一丝惊讶，他其实也知道高所长的目的，但他就是觉得与高所长对话特别舒心，于是他一改之前拒不合作的态度，和高所长一问一答地交流起来。

在高所长的启发和引导下，许某最终交代了自己的犯罪事实。在审讯结束前，许某感慨地说："您知道我为什么今天什么都交代了吗？就是因为您给了我充分的尊重，让我觉得自己还是个人。"

在这个案例中，高所长成功突破了犯罪嫌疑人的心理防线，就是因为他在沟通中给予了对方充分的尊重，而对方也"投桃报李"，对高所长回报以同样的尊重和信任，使得沟通僵局得以化解，整个沟通的进程进行得非常顺利。

由此可见，尊重在沟通中是必不可少的因素，然而，有不少人却忽略了这一点，他们往往只图自己一时痛快，说话没有分寸，毫不顾忌对方的感受，往往会因为不经意的一句话伤害到对方的情感和尊严，会引起对方的强烈不满，而这也是造成沟通不畅的一个非常重要的原因。因此，我们在沟通中要避免出现这样的问题，无论面对什么样的沟通对象，都应当学习一下高所长的做法，要表现出对对方的尊重，这也能够反映出我们个人的素质和修养，会让对方对我们好感大增。

具体来看，语言沟通中的尊重可以从以下几个方面做起：

1. 适当使用一些敬语、谦辞

敬语和谦辞是破案专家进行沟通时必不可少的两大法宝，也是我们必须掌握的沟通技巧。其中，说敬语是在沟通中表示对他人尊重的重要的语言手段，比如，"您""请""久仰了""劳驾""打搅了""承蒙关照"这样的敬语，不但可以让对方感觉到我们尊重、真诚的态度，还能够彰显我们的礼貌和风度。

至于谦辞则是表示谦虚、谦恭的语言，像"鄙人""不才""拙作""薄礼""不敢当""不情之请""不好意思"这样的谦辞都能够在适度"贬低"自己的同时，起到"抬高"对方的作用，不仅能让对方感觉受到了尊重，还能够体现出我们谦虚谨慎的气度和宽广的胸怀。

因此，我们在沟通时应当适当使用敬语和谦辞，但要注意敬语是对对方所说，而谦辞只能用在自己身上，切勿错用而导致闹了笑话。

2. 语言要尽量文雅一些

文雅的语言能够表现出一个人的气质，也能够反映出对他人的尊重。这就要求我们在沟通中要像破案专家一样注意语言的规范，不能只顾自己过瘾，随意使用一些粗俗不堪、格调低下的词句，而是要多用一些能够与我们的年龄、身份、社会地位、文化修养相匹配的文雅、简洁的语言，并且要考虑到对方的理解能力，要将深刻的大道理讲得深入浅出、通俗易懂，然后再配合上温和的语气和亲切的微笑，这样就会让对方有如沐春风的感觉，沟通起来也会更加顺畅。

3. 避免咄咄逼人的语言和手势

在沟通中，有的人经常表现得咄咄逼人，比如，动不动就对对方指手画脚，嘴里还说着："喂！你赶快……""你必须听我的……""你怎么连这个都不懂"之类的话语，这些就是不够尊重对方感受的语言，会让对方有一种被命令、被轻视的感觉，除非在极少数不得已的情况下，一般都不会有人愿意接受这样的语言和手势。

所以破案专家提醒我们，如果不想引起对方的反感，就一定要避免这种咄咄逼人的语言和手势，哪怕正在与自己的下级、晚辈沟通，也不能把自己放在较高的位置，做出这种居高临下的表现，否则只会引起对方的强烈反感。

4. 停止"好为人师"的行为

在沟通中"好为人师"，也是一种不尊重他人感受的坏习惯。这里所说的"好为人师"，不是在正常情况下为对方解答难题或提醒错误，而是为了显示自己的学问和见识，在对方并不需要的情况下，当场纠正对方话语中的一些疏漏，或是强迫对方必须接受自己的一些观点，这种做法会让对方感觉很没面子，也会影响沟通的正常进行。

事实上，每个人受教育的程度不一样，职业背景、社会经验也各有不同，我们在与他人沟通时应当像很多破案专家那样，保有开放而谦虚的心态，不卑不亢地沟通，才能受到对方的欢迎，并能够从对方那里获得更多有用的信息。

5. 触及对方的隐私时应格外慎重

言语上的尊重还包括尊重对方的隐私，也就是说，在与人沟通的时候，不要总是故意刺探对方的隐私，如对方的收入、身体情况、情感生活等，否则会让对方有被冒犯的感觉。对于这一点，破案专家会以非常谨慎的态度对待，虽然在办案过程中他们不可避免地要问及一些敏感问题，但在提问前总是会主动征求对方的同意，并且会表示出一定的歉意，比如，对对方说："冒昧问一下……""如果您方便的话，可不可以告诉我……"像这样在充分尊重对方的前提下发问，对方也就不会有不舒服的感觉了。

总之，尊重是沟通不可缺少的润滑剂，我们都应当像善于沟通的破案专家这样，把对方的想法、感受放在自己心上，这样就能够做到谨言慎行，不会在话语出口后对对方造成伤害。这种做法并不是放弃真实的自己，而是在学习照顾和理解他人，在此基础上交流，才能达到最佳的沟通效果。

学一点 "言在此意在彼" 的含蓄艺术

含蓄艺术，就是在说话的时候委婉一些，不要直来直去地表达自己的意思，而是可以用旁敲侧击的方式、耐人寻味的话语间接地传达自己的意思。破案专家在与人沟通的时候，如果遇到不方便直说的事情，或者需要对对方进行暗示的事情，就会采用这种含蓄艺术，它能够产生出一种"言在此意在彼"的效果。

2017 年 9 月，河南省某市的公安局抓获了两名嫌疑人张某和覃某，这两人涉嫌多起杀人抢劫案件，其中，张某是主犯，覃某是从犯。两人被抓获后，张某自知罪大恶极，一定会遭到法律严惩，所以索性负隅顽抗，拒不交代犯罪事实。而覃某害怕坦白会遭到张某的报复，也拒绝与警方配合。此时警方又缺乏足够的证据指证二人，案情一时陷入了僵局。

公安局刑事侦查总队的唐队长是一名经验丰富的破案专家，他调阅了这两个人的资料，对他们的心理有了一个准确的把握后，决定采用含蓄暗示的办法，从覃某处重点突破。

唐队长首先提审了张某，张某仍然抱着顽抗到底的心态，对唐队长不理不睬。唐队长对此心知肚明，便只字不提与案件有关的问题，而是和张某聊起了家常。因为张某有一子一女，女儿还在上幼儿园，张某平时又对两个孩子十分疼爱。唐队长就特意讲了些去张某家里调查遇到的事情，并有意无意地反复说到张某的女儿，让张某感触颇深。最后，唐队长说："你的女儿非常想你，我给你拍张照片吧，你再给家人写封信，我一并给你带过去。"张某心情非常激动，一边写信一边流下了眼泪，唐队长立刻把这个镜头拍了下来。

送走了张某，唐队长又开始提审覃某。一见到覃某，唐队长就说："覃某，案子已经大有进展了……我们今天不会用很长时间和你谈，希望你也配合一下，不要浪费大家的时间。"覃某一听，心中犹豫不定，开始担心是不是张某已经把问题全部交代了，所以警方才会说"大有进展"。

之后唐队长在询问覃某的时候，发现他的态度有所动摇，但答话仍然有些含糊其词，显然思想上还是存在顾虑。唐队长找了个适当的时机，对覃某说："你这个态度可不行啊……我给你看张照片吧。"说着，唐队长示意民警将刚才拍摄的照片拿给覃某看，覃某看到张某流着眼泪提笔书写着什么，马上想到张某是在写供词。覃某顿时像漏了气的皮球一样，再也不敢顽抗，而是主动交代了全部的犯罪事实。

在这个案例中，破案专家唐队长在面对态度顽固的嫌疑人的时候，就采用了含蓄的语言艺术，虽然他没有直说另一名嫌疑人已经招供（因为这并不是事实），但嫌疑人的思维还是受到了影响，产生了"只有如实回答才是正确选择"的想法。可见，这种含蓄暗示的办法要比直来直去的要求对方招供要有效得多。

在实际生活和工作中，如果直来直去地说话达不到目的，或是容易得罪人，那么我们就可以学习破案专家的做法，用含蓄的话语来达到良好的沟通效果。

具体来看，含蓄语言艺术经常会使用到的手法有以下几种：

1. 巧妙省略

省略手法就是在说话的时候故意省略掉关键的一部分，让话语显得有些模糊，但却又能给对方留下一定的想象空间，使话语显得藏而不露又意蕴深远。在本节案例中，破案专家唐队长所采用的就是这种手法，他在说到"案情大有进展"的时候，故意进行了省略，使对方不得不思考案情到底有了什么进展；之后他在评论嫌疑人的态度时又进行了省略，使对方开始反思自己是不是应该改变态度。这种省略的方法能够暗中点出问题，又能避免信息直接传递引起沟通对象的反感、抵触等消极情绪，是我们在语言沟通中一定要掌握的一种技巧。

2. 妙用双关

利用词的多义、同音等条件，我们可以让同样的一句话产生双关语义，并能够让话语表达得更加含蓄，可以加深语意，从而给对方留下更加深刻的印象。比如，一位破案专家正在审问一名有越狱记录的抢劫犯，由于对方没有主动交代越狱事实，破案专家就对他说了这样一句话："你是属鼠的，看来老鼠确实会打洞啊。"这句话表面上是说抢劫犯的属相，但语带双关，含蓄地点出了抢劫犯越狱的事实。抢劫犯听到这句话后，认为警方已经完全掌握了自己的底细，无从抵赖，于是只好承认了自己的犯罪事实。

3. 以虚代实

以虚代实就是不正面表达事实，而是通过虚拟的，但一听就会让人觉得有些荒唐好笑的话语来含蓄地表达意思，这样对方虽然没有得到自己想要的答案，却也能够理解我们的用意。比如，一位破案专家到国外出差，夜宿于一家旅馆中，但旅馆隔音效果不好，入住的客人又太杂，整夜都听到楼下的吵闹声，害他无法入眠。第二天服务员礼貌地询问他休息的如何时，破案专家就用含蓄的话语说道："不太好，楼下有两只老鼠不停吵架。"服务员说："两只老鼠的声音也会影响到您吗？"破案专家用无奈的语气说："可是后面又来了十几只劝架的啊。"在这里，破案专家就用虚拟的"老鼠吵架"含蓄地表达了自己的不满，但同时因为话语听上去非常有趣，所以也不会引起服务员的不快。

4. 委婉借喻

借喻是比喻的一种手法，是指用喻体来代替本体，在说话的时候，只出现喻体，本体和喻词都不出现，这样也能够产生含蓄的语言效果，而且话语听上去更显简洁精妙。比如，一位破案专家要求下属的一名警员写一份报告，可是警员上交的报告却非常冗长复杂，很多不必要的细节充斥其中，阅读起来十分吃力。破案专家就提出了这样的意见："我派人去买一辆车，并不希望这个人告诉我这辆车到底有多少个零件、多少个齿轮，我只希望知道它的优点和价格。"在这句话中，破案专家就用"买车"来委婉地借喻"写报告"，含蓄地批评了警员不知道抓重点，只知道堆砌细节的错误做法。

当然，想要在沟通中达到破案专家的含蓄说话效果显然是不容易的，这需要我们平时用心揣摩，多多锻炼。当我们能够熟练地将自己的本意用含蓄的语言包裹再讲出来的时候，我们就能够成为像破案专家一样的沟通高手。

第四章

非语言沟通法：注意观察，收集语言之外的信息

肢体语言有时比口头语言更诚实

在与他人沟通的时候，我们不仅要注意正确使用肢体语言来辅助传达信息、增强气场，还要重视观察和解读对方的肢体语言。因为在很多情况下，对方嘴上虽然说着言不由衷的话语，身体却会在不自觉的情况下做出各种各样的动作、姿势，脸上也会浮现出特别的表情，而这些无声的"话语"恰恰反映了对方真实的内心变化，是我们在沟通中不能忽视的重要"情报"。

享誉全球的身体语言大师，在美国 FBI 工作过多年的乔·纳瓦罗也这样说道："肢体语言有时比口头语言更诚实，读懂了肢体语言，你就能够一眼看穿对方的真实意图，并可以借此了解他们的内心世界，掌控他们的思维动态，而这会让你在沟通中长时间占据绝对有利的地位。"

纳瓦罗曾经通过解读身体语言破获了一起强奸杀人案件。那时他在亚利桑那州的一个警察局工作，一天，警察局突然接到了报警，称在郊外的棉花地里发现了一具赤裸的女尸。女尸头部被砸得粉碎，一块染有血迹的石头就在离尸体不远的地方。

纳瓦罗和同事们开始对死者的身份进行调查，经过一番努力后，终于查明死者是一家酒吧的女招待员，根据酒吧老板的证词显示，案发当天的晚上，和死者一起离去的是一名年轻的男性客人——24 岁的比利。警方立刻逮捕了比利，可是他坚称自己与本案无关，而警方暂时没有找到有力的证据可以指控比利。

在毫无头绪的情况下，纳瓦罗决定带比利到发现死者的棉花地里走一走。虽然他还不确定比利是不是凶手，但他知道很多凶手在重回案发现场后，内心往往又激动又恐惧，很有可能会控制不住自己的行为，当场露出马脚。于是，纳瓦罗让同事推着比利向前走，他则在一旁观察着比利的一举一动。

一开始，比利表现得非常镇静，嘴里还不时地嚷嚷着："为什么要带我来这里？"可是随着离现场越来越近，比利的表现也越不自然，他的小手指有些颤抖，头部总是下意识地向左偏（案发现场在右侧），好像在逃避什么似的。可是警方并没有向他透露过现场的具体位置，他的表现实在无法不让人产生怀疑。

当他们最终来到现场的时候，纳瓦罗注意到比利变得非常安静，他一声不吭地盯着那片染有血迹的草地，脸上的肌肉竟然有些抽搐。几分钟后，纳瓦罗用非常自然的语气说："走吧，我们回警察局去。"就在这一瞬间，纳瓦罗看到比利露出了如释重负的表情，他几乎是迫不及待地转身就走，因为过于急促，差点撞到了站在他身后的那位警察。

至此，纳瓦罗已经可以确定比利就是本案的真凶，于是他向上级申请将比利收押，并对他进行了多次审讯。最终，比利不得不低头认罪。

在这个案件中，我们可以看到，尽管嫌疑人矢口否认自己的罪行，但是他在下意识中做出的肢体语言却已经将他的心中隐秘之事一一道尽。而破案专家纳瓦罗就是从这些肢体语言出发，才看透了嫌疑人是在撒谎。

这也提醒了我们，在沟通中一定不能忽略非语言的因素，要注意观察对方的头、眼、面部、躯干、手足都出现了哪些变化，这可以帮助我们判断对方的真实心理状态。当然，仅仅是观察还是不够的，我们还要学会正确地解读肢体语言，而这需要我们注意以下几点：

1. 用心观察对方的肢体语言

想要了解对方的真实想法，首先需要认真观察其肢体语言，不能错过哪怕最为微小的动作和表情。事实上，肢体语言并不神秘，但遗憾的是，很多时候人们却总是疏于观察，才会让很多珍贵的线索从眼前消失。为此，我们应当向破案专家学习，要养成留心观察肢体语言的好习惯，这样时间长了，观察力逐步提升，就更容易发现对方在无意识状态下表现出的情绪、感受和看法。

2. 了解肢体语言的普遍含义

在解读肢体语言之前，我们还有必要了解一些具有普遍性含义的肢体语言，然后将沟通对象的肢体变化与其进行对照，就能够发现一些重要的问题。比如，皱眉的普遍含义有烦恼、悲伤、忧虑等，而一对眉毛一起上扬则有高兴、惊喜等普遍含义。按照这样的"原理"，假设我们在面试的时候，对面的两位面试官一位对着我们皱起眉头，另一位则眉毛上扬，那就说明前者并不喜欢我们的表现，而后者却恰恰相反。

3. 关注肢体语言的特别信号

在研究肢体语言的普遍含义之余，我们还应当注意到，每个人都会有一些特殊的肢体语言。为了把握这些肢体语言的特殊信号，我们需要多了解一些对方平时的"基线行为"。比如，对方最习惯的坐姿是什么，最常用的手势是什么样的，对方遇到某事时最可能出现的表情是什么样的等。如果我们发现对方的肢体语言突然违反了"基线行为"，那常常说明在对方身上发生了不同寻常的事情，需要我们给予特别的关注。不过，想要抓住这样的特殊信号，就需要我们坚持不懈地观察和分析，才能形成足够的敏感，这会让我们在沟通中立刻就能发现对方身上存在的问题。

需要提醒的是，有些对于肢体语言颇有研究的人，往往会刻意掩饰自己的肢体语言，甚至还会故意做出虚假的表情、动作、姿势，以图迷惑他人。对此，我们还要注意进行缜密的判断，要将自然流露的肢体语言和刻意伪造的虚假表现分别开来，才不会被对方轻易地蒙蔽。

从微表情捕捉对方的心理变化

微表情是一个心理学名词，它指的是那种一闪而过的非常细微的表情，有时甚至做表情者自己都没有意识到自己有这种表现。来自英国伯明翰警察局的破案专家乔纳森认为这种微表情最能反应一个人最真实的内心变化，因为它不受主观思维控制，也没有办法被掩饰。所以假如我们在沟通中能够捕捉并正确地解读微表情，就能够弄清沟通对象的真实心意。

当然，对于微表情的正确把握是需要经过充分训练和长时间实践演练才能实现的，像乔纳森这样的破案专家都会接受这样的专门训练，而他们也对研究微表情充满热情，这让他们在沟通时能够熟练运用微表情的相关知识来抓住一些对方想要隐藏的东西。

2016年，伯明翰发生了一起谋杀案，死者是一所高中的女教师凯特。警方通过调查后，认为凯特的学生，16岁的男孩切斯特有重大作案嫌疑。可是切斯特一直拼命辩解，说自己虽然在案发当天与老师发生过争执，但是绝对没有想要杀害老师的意图。

乔纳森参与了对切斯特的审讯工作，在一次审讯中，乔纳森非常仔细地观察着切斯特的脸，试图捕捉他的每一个微表情。

一位警官问道："你认为凯特是什么样的人？"切斯特表情平静地说："她是一个负责任的好老师，对学生很关心。"

在切斯特说话的同时，乔纳森发现他在下意识中露出了悲伤的微表情，虽然这个表情一瞬间就消失了，乔纳森却认为这很可能证明切斯特并没有杀害老师，因为真正的凶手可能会有内疚、恐惧、愤怒等微表情，却不太可能出现悲伤的微表情。

在审讯之后，乔纳森将自己的发现报告给上级，上级决定将调查的重点转移到其他对象。恰好这时有警官发现死者凯特的一名男同事罗伯特有作案动机，罗伯特曾经热烈追求过凯特，但遭到了凯特的当众拒绝，这让罗伯特十分羞恼，警官认为这可能导致罗伯特怀恨在心，才会杀害凯特。

乔纳森和几位警官来到了罗伯特的办公室，警官先对罗伯特进行了简单的盘问，乔纳森发现被问及与死者的关系时，罗伯特虽然佯装镇定，但是微表情却流露出了一抹愤怒的情绪，看来他对死者的仇恨并未消除。见此情况，乔纳森出其不意地说："你不要再隐瞒了，警方已经掌握了你杀害死者的确凿证据！"罗伯特一听这话，大惊失色，但他很快意识到不对，又重新恢复了平静的表情，还装模作样地指责乔纳森说："我没有杀人！你们这是诬陷，我会去法院控告你们的！"

经过了这一番"交锋"后，乔纳森更加认定了罗伯特的作案嫌疑。回到警察局后，他立刻提出对罗伯特进行重点调查，果然，经过一番严密的盘查后，警方发现了罗伯特的作案证据，本案也终于水落石出。

在这个案例中，破案专家乔纳森就是靠着解读微表情才找到了真正的嫌疑人，尽管嫌疑人努力掩盖自己真正的想法，装出一副平静的表情，可是他却无法控制自己的潜意识和本能反应，并且在不知不觉中流露出了值得探究的微表情。乔纳森捕捉到了这些微表情后，也进行了正确的解读，发现了他心中的隐秘。

由此可见，在沟通中把握和解读微表情，可以为我们提供很多有价值的信息。以下就是破案专家经过长期的观察后总结出的一些常见的微表情：

1. 表示高兴的微表情

感觉高兴的时候，人们常常会做出微笑或大笑等表情，笑的时候嘴角会上翘，面颊会向上抬，同时带动眼睛周围的肌肉，使得眼睑收缩，眼尾则会出现明显的皱纹。

人们在做出微表情的时候，可能有时没有露出笑容，但嘴角上翘和眼角有皱纹的特征却还是出现了。如果捕捉到了这样的微表情，就表示对方此时心情比较愉悦，他们可能在沟通中听到了让自己感到欣慰的信息，我们可以多找一些这样的信息传递给对方，那么对方的心情就会变得更好，沟通也会进行得更加顺利。

不过，若是对方脸上笑容明显，但眼角和嘴角却没有什么变化，那就说明对方可能是在佯装开心的样子，实际上他的笑容并非出自真心。

2. 表示惊讶的微表情

心中感觉惊讶的时候，一个人可能会出现眉毛上扬、双眼瞪大、嘴巴微微张开、快速吸气的表情，如果是年龄大的人，前额可能会出现明显的皱纹。而微表情可能不会这么明显，比如做出惊讶的微表情时，眉毛抬起和眼睛睁大的程度可能并不大，张嘴并吸气的表情也会较为微小，但是会有提眉的动作，上眼睑也会提高，持续时间不会超过1秒钟。

想要捕捉这种微表情的话，可以提前准备好可能会让对方感觉惊讶的信息作为"刺激源"，在提出"刺激源"后，马上注意观察对方的面部表情。如果确实出现了这种微表情，就说明对方被我们正在说的信息刺激到了，并感觉非常惊讶，我们也可以进一步探究对方为什么会出现这种情况。

3. 表示厌恶的微表情

心中出现了厌恶情绪的时候，一个人可能会出现面部紧缩、上唇抬起、脸颊上抬、眉毛紧皱、眼睛眯紧、鼻子周围和眼睛下方出现褶皱的表情。

在捕捉微表情的时候，则要注意观察上唇的提升和鼻翼的皱起，如果脸上没有其他明显的变化，却出现了这两种改变，都说明对方此时产生了厌恶情绪。我们就应当立刻反省一下是不是自己在沟通中说的某句话或做的某个动作引起了对方的厌恶，并要及时改正，以免造成沟通僵局。

4. 表示愤怒的微表情

愤怒的时候，一个人可能会有眉毛向下、眼睛瞪大、咬牙切齿、张大鼻孔、鼻翼扇动、嘴唇紧闭的表情，同时面部肌肉也会呈现出紧张的状态。

　　至于微表情则主要体现在眼睛上，观察其眼睛，可以发现上眼皮提升，下眼皮紧绷，而且视线高度集中于我们身上，这就说明对方此时正处于愤怒状态，很可能是被我们所说的话语激怒了。但若是对方做出了愤怒的表情，但眼睛没有这样的变化，则说明对方只不过是在假装愤怒罢了。

　　5. 表示恐惧的微表情

　　感觉非常恐惧的时候，一个人的双眉会皱起，眉头向上扬（与愤怒恰好相反），上眼皮上提并出现褶皱，同时上唇提升，嘴巴张开。

　　恐惧的微表情则要抓住眉头皱起、上眼皮也随之上提的特点。在沟通中如果发现对方出现了这样的微表情，则暗示着对方可能对我们所说的话语感到恐惧。

　　6. 表示悲伤的微表情

　　十分悲伤的时候，人们常常会出现哭泣的表情，哭泣时双眉下压皱起，眼睛紧闭或缩小，眼角外侧都会有皱纹，嘴角则会下拉，号啕大哭的时候嘴巴还会咧开。

　　悲伤情绪的微表情最关键处在于眉毛，也就是要观察到眉头有上扬，眉间有皱紧，显得很不自然，另外如果发现下眼皮上抬和唇角下压的迹象，就更能够确定悲伤情绪的存在。很有可能是我们当前所说的话题触发了对方的伤感，所以为了沟通的顺利进行，我们最好尽快转换话题，并要及时帮助对方排遣负面情绪。

　　掌握了上述这些常见的微表情后，我们在沟通中就更能把握对方的心理变化。不过需要提醒的是，由于面部表情本身就十分复杂多变，而微表情更是转瞬即逝，十分难以把握，所以我们除了要认真观察，还要注意将观察到的结果与沟通对象的动作、体态、语言等其他表现结合在一起进行判断，这样才能得到更加准确的结论。

观察微动作，看穿对方底细

当一个人在说话的时候，随着其内心的变化，很可能会在不经意之间做出一些微动作。如果我们能够仔细观察这些微动作，就可以从中解读出许多不易被人察觉的信息。

这一招也是破案专家在沟通中经常会使用到的，来自加拿大安大略省警察局的破案专家威廉·夏特纳这样说道："我经常会遇到那种非常狡猾的犯罪嫌疑人，他们很善于编造谎言，有时他们的表情看上去也显得无懈可击，可是他们却会忽略一些下意识的微动作。所以我会特别注意这类被忽视的微动作，然后用科学的态度去进行解析，就能知道他们到底有没有说谎。"

夏特纳曾经通过解析嫌疑人的微动作破获过不少案件。2016年3月，警察局接到报警称一名游客的新婚妻子从山崖意外坠下，现在生死未卜。警方马上联系了救援人员赶往现场，经过多方努力，终于在山谷深处找到了那位女士，然而她早已停止了呼吸。

警方按照惯例，对这位不幸的丈夫进行了询问，负责询问的正是夏特纳。夏特纳预先准备了一些问题，包括他妻子的个人资料、来加拿大的目的、身体健康状况以及最近的心理状态等。

那位丈夫带着悲伤的表情说："我们是从美国来的，听说这里风景优美，我们就选择这里作为蜜月的第一站，可是没想到……我的妻子身体非常健康，性格也很开朗，我们感情很不错，跟她相遇是我这辈子最幸福的事情……"说着说着，丈夫已经泣不成声，看上去很是令人同情。可就在这时候，细心的夏特纳忽然发现丈夫正在用右手的拇指和食指转动、摆弄着戴在左手无名指上的结婚戒指，而且他的双腿也在轻轻抖动，目光还瞟来瞟去的。

看到丈夫的这些微动作后，夏特纳认为这个案子恐怕不是意外失足这么简单，于是夏特纳又着重问了一些有关夫妻感情方面的问题，结果发现丈夫的表现变得慌乱起来，在回答问题时甚至开始语无伦次。

之后，夏特纳建议对丈夫展开多方面的调查，为此，加拿大警方还向美国警方求助，调取了很多资料。最终，警方认定这是一起谋杀案件，这位丈夫为妻子投保了巨额人寿保险，然后谋杀了妻子意图骗取保费，尽管他自认为手段高明，却还是让慧眼如炬的破案专家夏特纳看出了破绽。

夏特纳就是从对方无心之中流露出的一些小动作看出对方心中隐秘的。如对方一边说话一边无意识地转动戒指，这很可能是在掩饰内心的情绪，此刻他可能处于非常紧张的状态，所说的话也很有可能是谎言。当然，单从这一点下结论会很草率，而夏特纳又注意到他有抖腿和眼睛乱瞟的微动作，其中，抖腿有可能是因为压力过大或感觉不耐烦，而眼睛乱瞟则常常说明当前的话题让他感觉局促不安，他很想立刻转移话题，让自己逃脱困境。综合上述这些分析结果，夏特纳才会得出对方"心中有鬼"的结论。

此案的侦破经过也提醒了我们在沟通中不要忽视了对方的一些微动作，因为这很有可能会反映出对方的情绪和此刻内心深处真正的想法。以下就是破案专家总结的微动作所反映出的心理特点，我们可以在沟通时作为参考：

1. 用手抚摸头部、面部

在沟通过程中，我们常常会看到对方下意识地用手抚摸自己的头部或面部，根据他抚摸位置的不同，可以分析出他此刻不同的心理特点。比如对方一边说话一边轻抚鼻尖，可能表示他想要缓解因为说谎而产生的紧张情绪；如果在我们说话的时候，对方开始摸鼻尖或轻擦鼻子，则可能表示他对我们所说的话语有所怀疑；对方在听话的时候摸耳朵，可能表示他对当前的话题有些不耐烦，也可能是他急于发表自己的意见；在沟通的时候摸头或摸头发说明对方有些烦躁不安；如果对方用手在面部随意地摩挲，则说明他有些心不在焉；此外，如果对方在说话的时候试图捂住嘴巴，则说明他想要掩饰自己的真实想法。

2. 手插衣兜、裤兜

在沟通的过程中，对方自然站立，同时把双手深深插进衣兜、裤兜，好像要把双手隐藏起来不让人看见似的，这常常说明对方有较强的警戒心理，而且对方对我们正在说的话语可能并不赞同，也不太想和我们建立比较亲密的关系。

3. 掰手指、搓手掌

有的人在沟通的时候常常会不自觉地将自己的手指掰得咔咔响，或是经常用双手手掌对搓，这也能反映出其内心变化。掰手指一般表示心理承受的压力较大，所以下意识地希望通过掰响手指关节来舒缓压力；而搓手掌则常常说明此时心情不错，或是对某事比较有信心，表现出一副跃跃欲试的样子。

4. 做很多手势

有的人在说话时常常情不自禁地做出很多的手势，像摊开双手、摇摆双手或手指、双手对拍等，这常常说明他的自信心较强，性格比较外向、热情，希望在说话的同时能够借助手势强化自己话语的"力度"，好让他人更加信服。

5. 玩弄饰物或其他小物件

在沟通中玩弄饰物或其他小物件是一种具有逃避性的行为，很有可能是对方被问到了难题，一时觉得难以回答，就会下意识地摆弄一下戒指、项链、手表等饰物，或是随手拿起一个小摆件玩弄，像本节案例中嫌疑人玩弄戒指就属于典型的逃避行为。

6. 腿脚抖动或脚尖拍打地面

在沟通中，如果腿脚不停抖动，或是脚尖无意识地拍打地板，发出响声，常常是一种不耐烦、不自在的表现，说明此人非常希望摆脱目前的话题，也说明他心中压力太大，才会不自觉地用这些琐碎的微动作来释放压力。

除了以上这几点，沟通中需要注意的微动作还有很多，我们可以在平时的工作、生活中多多观察、多多积累。随着经验的增加，我们就能够熟练地通过微动作看穿对方的底细，得知对方的意图，也就更能够控制沟通的主动权了。

辨识姿势，读懂对方的情绪状态

想要收集语言外的信息，观察沟通对象的姿势也是一个不错的选择。来自美国 FBI 行为分析科的破案专家汤姆·里奇曼就曾经这样说过："如果你认真观察，就会发现人们在沟通中会经常变换自己的坐姿、站姿；如果你们是一边行走一边交流，就会注意到对方的走姿也有自己的特色。你可以从这些姿势出发去进行分析，它们可以帮你读懂对方此时的情绪状态。"

为了帮助我们了解姿势在沟通中的意义，里奇曼讲述了这样一个真实的案例：

里奇曼有一次带着一名下属去拜访一位知情人，那位知情人正好在参加一个家庭派对，就与里奇曼相约在派对上见面。

到了目的地后，知情人热情地接待了里奇曼和其下属。由于派对现场非常喧闹，知情人就提出到门外去谈话。

在门外，三个人站着交流起来。里奇曼询问了知情人几个问题，他都给予了比较详尽的回答，看起来十分配合。可仅仅几分钟后，里奇曼就对对方说："我忽然想起了一个重要的问题，得去处理一下。这次打搅你了，真是不好意思，我们下次再约见面的时间吧。"

当里奇曼说完这句话后，对方不但不觉得生气，反而还长长地吐出了一口气，好像摆脱掉了什么麻烦似的。里奇曼注意到了这个细节，没有说话，就领着下属匆匆离去了。

当他们走到较远的地方后，下属实在控制不住自己的好奇心，问道："你们不是谈得好好的吗？为什么突然结束对话呢？"

里奇曼摇摇头道："不，我们谈得并不好。他早就对谈话失去了兴趣，我从他口中很难再问到有价值的信息了。"

下属惊讶地问："您是怎么判断出这一点的呢？我看到他一直在微笑，还以为他真的很高兴呢。"

里奇曼解释道："他虽然一直保持着笑意，但那只是一种礼节性的微笑，并非发自内心。我注意观察了他的站姿，发现他把双手插进了裤兜，还把双腿交叉在一起，这说明他已经产生了不耐烦的情绪。后来他又开始用手摸自己的脖子，而且脚尖还不由自主地指向了屋里，这时候他已经巴不得立刻结束这次对话，好去参加屋里的聚会，所以我也没必要再继续纠缠他了。"

听完里奇曼的话，再联想到两人离开时知情人那副如释重负的表情，下属有一种恍然大悟的感觉。

在上面这个故事中，破案专家用自己的亲身经历提醒了我们在沟通时一定不能忽略对他人姿势的研究，因为这可以帮助我们"看清"他人的真实想法。那么，沟通中的姿势到底透露出了哪些值得我们研究和学习的信息呢？以下就是众多破案专家通过多年研究后总结出的一些经验：

1. 沟通中的站姿

（1）站时弓背塌腰、上身弯曲。一般沟通对象在感觉不自信、烦闷、不耐烦的时候，就可能采用这种站姿。如果同时还有眼神游移、表情僵硬、头部下垂等表现，则可能表示此时此人心中有紧张、恐惧等情绪。

（2）站时双臂交叉抱于胸前。在沟通中对方突然摆出这种姿势，常常表示对方产生了紧张的情绪，这可能是因为沟通中的话题让对方感觉不安，所以才会不由自主地摆出了这种带有防御性质的姿势。

（3）站时双手叉腰。采用这种站姿的时候可能说明对方有气恼或不服气的情绪，所以他们会下意识地采取这种向外扩张的站姿，以便让自己显得更有气势一些。

（4）站时双手背于身后。破案专家认为这种站姿是一种比较自信的姿势，常常代表一个人对某事胸有成竹，能够顺利地把握全局。

（5）站时上身靠墙、靠门。这说明对方心中不够自信或是有些不安，所以才会下意识地在沟通时寻找一个倚靠物，好让自己获得一些安全感。

（6）站时一条腿直立，另一条腿弯曲或倾斜。这常常说明对方对当前所谈话题不感兴趣或是不能完全赞同。不过在有的情况下，有些人可能会因为感觉拘束或是缺乏足够的自信而采取这种站姿，所以我们在分析时也要注意结合当前的沟通情境。

（7）站时双腿交叉。这可能表示对方比较疲惫，还可能表示对方对当前的话题不感兴趣，甚至已经到了不耐烦的程度。此时出现了本节案例中提到的用手摸脖子等小动作，同时目光也望向别处，这就说明对方对当前的谈话厌烦到了极点。

（8）站时双脚转向。在沟通中，如果发现对方的双脚开始转变为另一个方向，这往往说明对方已经迫不及待地想要终结这次谈话，并想要离开当前的现场，所以他的双脚会不知不觉地调整为其他方向。

2. 沟通中的坐姿

（1）正襟危坐，双腿并拢。这样的坐姿是一种非常正式且标准的姿势，更适用于正式场合。如果一个人在非正式场合也一直刻意保持这样的坐姿，就可能表示其内心可能不太自信，或有强烈的拘束感。

（2）坐时腿部向外张开。这种坐姿在大多数时间是一种内心强势、自信的表现，经常采取这种坐姿的人在潜意识中可能想要从他人那里攫取更多的空间，因此常常会给人留下不好的印象。不过有的时候，人们在感到不安时，也有可能会将双腿无意识地张开，所以我们在具体分析时还要结合当时所处的情境以及沟通的主题等因素来确定。

（3）坐时跷二郎腿。采取这样的坐姿时，会显得比较舒服和自然，此时心态也常常是比较放松的。

（4）坐时双脚在脚踝部交叉。破案专家在研究了大量实例后发现，很多沟通对象在感到情绪紧张、恐惧、焦虑的时候，就很有可能会出现这样的坐姿，这表示他们有一种较强的防御心理，往往在这种时候，他们还会有捏紧拳头、抓扯衣服等小动作。

（5）坐时双脚抖动。在坐下后，双脚不停抖动，连带双腿也跟着开始抖动，这种情况常常表示对方渴望获得自我保护，从而可以缓解心中紧张、焦虑的情绪。

3. 沟通时的走姿

（1）走路时上半身前倾。采取这种走姿的人往往性格比较内向、温柔，但也可能有缺乏自信的情况。他们在走路时可能还会有夹紧肩膀的表现，看上去不够放松，通常表示他们心中充满不安。

（2）走路时隐藏双手。走路的时候，不知不觉地将双手插进衣兜，或是背在身后，常常会给人以不好接近的印象，而且还可能代表一种比较强烈的防御心理，是不希望与他人有过多接触的一种表现。

（3）走路时步伐拖拉。走路时拖着双脚，同时速度也很慢，会给人留下十分疲惫、没有精神的印象，以这种姿态走路的人可能心中也有很多沮丧、悲哀之类的负面情绪，使得自己在走路时提不起劲头，无法昂首阔步地向前走。

（4）走路时步伐急促。那些在走路时步伐非常急促，步幅又小的人可能性格比较急躁。但若是走起路来步伐急促、连蹦带跳，则可能表示他内心非常激动、兴奋，以至于控制不住自己的步伐。

（5）走路时步伐凌乱。走路时步伐凌乱可能是因为内心慌乱不堪，以至于影响了正常的走姿。另外破案专家还发现那些情绪变化大、容易歇斯底里的犯罪分子可能会出现这种走姿。

需要注意的是，分析姿势的时候不能只关注姿势本身，却忽略了其他非语言因素。破案专家提醒我们，一定要将全身的动作、表情、姿势结合起来进行分析，并结合对方话里话外透露的信息，这样才能更好地了解对方的精神面貌和情绪变化。

穿着打扮，可以反映对方的心理特点

在沟通过程中，破案专家们还会注意观察对方的穿着打扮，因为选取什么样的衣着、服饰、化妆风格不仅仅能够反映出一个人的经济条件、社会地位、职位身份，还能帮助破案专家评判他们的性格特征和心理特点。

因此，破案专家把衣着打扮当成了一门学问，进行了大量调查和研究，并且在实践中广泛应用，也取得了不错的效果。

曾经有这样一个非常经典的案件：在美国纽约出现了一名疯狂的"炸弹狂人"，他16年间在公司、图书馆等地点安装了30多枚炸弹，其中，有22枚爆炸，造成了多人受伤。由于此人非常狡猾，也具有很强的反侦查能力，所以警方虽然一直在追捕他，却并没有掌握多少有力的线索。

后来，美国FBI行为分析科的一名专家开始对本案进行研究，他发现"炸弹狂人"在每次作案前都会先行发出一封"警告信"，其中有好几封都是写给爱迪生联合公司的，特别是第一封警告信中更是写着："爱迪生公司的骗子们，这颗炸弹就是送给你们的。"据此专家认为"炸弹狂人"很有可能曾在爱迪生公司工作过，可是该公司的员工多达数千人，想要一一排查是耗时耗力的事情。

于是专家又从炸弹碎片开始分析，他发现炸弹制作得非常专业，特别是雷管的使用更显示出"炸弹狂人"可能有在军队服役过的经历。再联想到此人在警告信中工整、干净、一丝不苟的笔迹，专家开始对此人进行形象素描，并很快描述出了一个大概的印象："炸弹狂人"为男性，单身，独自居住。年龄在40~60岁，智力很高，高中成绩优良，衣冠楚楚且注意形象，服装非常干净整洁，可以称得上是一尘不染。并且还会精心修饰发型和胡须，有时甚至可能会过分注意打扮自己。

当时纽约警方对专家的素描表示了强烈怀疑，但专家坚持自己的意见，同时还补充了一条："此人喜欢穿剪裁考究、质地优良的双排扣西装，并且会把每个扣子都严严实实地扣上。"这个结论更是让很多人嗤之以鼻，但专家建议警方立刻按照这些信息去查访嫌疑人。

没想到警方竟然真的找到了符合上述信息的嫌疑人，而且在逮捕他时，竟然发现确实他穿着双排扣西装，扣子扣得严严实实的。经过一番审讯之后，嫌疑人也交代了自己就是"炸弹狂人"的事实。这件事让大众瞠目结舌，有些新闻记者认为专家和嫌疑人之间或许存在某种"关系"，所以才会将嫌疑人的穿着打扮描述得如此准确，可是他们费尽也没有挖到任何有价值的线索，最终也不得不承认专家的能力真是太神奇了。

在这个案例中，破案专家当然不是随随便便描述嫌疑人的穿着打扮的，而是从已知的信息分析其性格特点（谨小慎微、要求严格、注意形象、过度讲究，可能有轻度的偏执狂），再从性格特点推测其喜欢的穿着风格、打扮特点，继而帮助警方准确地定位出了嫌疑人。由此也可以看出，一个人的性格特点、心理特征确实与穿着打扮存在密切的联系，那么假如我们能够像破案专家这样多学习一些这方面的知识，就可以在沟通中从对方的穿着打扮入手，以更好地了解对方、促进沟通。

以下是破案专家经过大量的研究和实践后总结出的一些经验，可以结合微表情、肢体语言等多种信息，用来分析沟通对象的性格和心理：

1. 从穿着风格分析对方性格

每个人都有自己最喜爱和最习惯的穿衣风格，我们可以从此出发，大概地勾勒出一个人的价值观、心理状态等。比如，有的人经济条件并不拮据，却总是穿着过于俭朴、陈旧甚至不合身的衣服，就可能表示此人过于看重金钱，可能会有锱铢必较的习惯；相反，有的人经济条件不佳，却想尽办法追求华贵的服装，并以穿着名牌服装为荣，还常常向人炫耀不止，则说明此人可能有较强的虚荣心，但内心又很不自信；再如有的人故意穿一些样式大胆、奇特甚至有些不伦不类的服装，平时经常被人侧目，却会让他们感觉非常兴奋，这常常表示他们以吸引他人的注意为乐，但其实他们的内心可能是比较自卑的，而且会有较强的防备心理；此外，有的人酷爱穿正装，即使不在工作场合也坚持西装革履，这可能表示他们的性格过于严谨，也不太懂得变通。

2. 从服装颜色分析对方性格

每个人偏爱的服装色彩不同，由此也能反映出一定的心理特点。比如，偏爱穿红色、黄色服装的人性格往往比较外向，行为也比较积极，但可能会有容易冲动、情绪化的缺点；喜欢穿粉色服装的人性格可能比较单纯、温和，认识问题偏感性思维，但也容易陷入幻想中而显得不够务实；喜欢穿紫色衣服的人情感多细腻、敏感，但容易多愁善感，还可能有过于内向的缺点；偏爱黑色服装的人往往会有富有主见、善于克制的优点，但自我保护意识可能过强，才总是想用一袭沉闷的黑衣来掩藏自己；喜爱白色服装的人性格方面常常比较直爽，但可能会有过于追求完美的缺点。

3. 从配饰妆容分析对方性格

除服装外，破案专家还会从一个人佩戴的饰品、穿戴的帽子和鞋以及化妆的风格等方面来分析其性格。比如一个喜欢在身上挂满各种耀眼首饰的人，性格往往比较外向，但也会有热衷于卖弄的缺点；特别是那种喜欢佩戴又大又华丽的戒指、手表的人，可能自我表现欲望非常强烈；又如总是戴着一顶较大的帽子，还喜欢把帽檐拉低，盖住部分脸庞的人，可能性格非常内向，并有自我逃避心理；还有那些总是喜欢化非常浓艳的妆容的人，也可能有外向、好胜心过强的特点。

当然，以上这些结论需要在长时间的观察和记录后才能得出，否则仅仅根据一两次偶尔发现到的对方的穿衣打扮特点就做出结论，那显然是失之偏颇的。而且从衣着打扮分析出的信息也只是了解对方的一种途径，我们还需要综合其他多种分析手段进行合理推测，才能避免出现误判。

第五章
倾听沟通法：善于倾听，激发对方的表达欲望

认真倾听，可以赢得对方的好感

倾听是破案专家必须掌握的沟通技能，在面对证人、嫌疑人和其他沟通对象的时候，破案专家总能用认真倾听的办法表现出对对方的尊重，这不仅能够赢得对方的好感，还能够激发对方强烈的讲述欲望，让对方在不知不觉中吐露出大量有价值的信息，也为案件侦破提供了更多的线索。

美国 FBI 的一位非语言信息专家安德森对倾听的艺术推崇备至，他经常这样对新进探员说："每个人的内心深处其实都有强烈的倾诉欲望，你可以用倾听来满足这种欲望。千万不要在对方说话时表现得三心二意，否则对方就会感觉自己没有获得足够的重视，有时他索性会闭口不语，沟通就会陷入僵局了。"

下面这个故事就是安德森在培训新探员时经常会讲到的：

有一次，安德森和一个名叫唐尼的同事一起审问一起爆炸案的嫌疑人。这名嫌疑人曾经在大学担任过化学系教授，看上去气度不凡，言谈中颇有些傲慢的感觉。唐尼性格有些急躁，也很讨厌嫌疑人这副自负的模样，他毫不客气地问了嫌疑人一连串问题："你干了什么坏事，才会被学校辞退？""你是怎么混进实验室，偷到做炸药的材料的？""在爆炸中丧生的利普里教授是你要杀害的目标吗？"

唐尼的语气非常生硬，提问的内容也比较"敏感"，对嫌疑人没有表现出一点基本的尊重，这不禁让嫌疑人十分反感。安德森看到嫌疑人皱起了眉头，握紧了拳头，脸色变得铁青。对于唐尼的这些问题，嫌疑人一个都没有回答，显然准备顽抗到底。

等了半天，也没得到回应，唐尼勃然大怒，正要开口斥责嫌疑人。安德森却拦住了他，还劝他去吸根烟、喝杯咖啡，消消气。

等唐尼不情愿地离开后，安德森用同情的目光看着嫌疑人，对他说："我替同事向你道歉。事实上，我非常理解你的心情，碰到那些不懂得尊重别人的人，我也总是非常生气。"

嫌疑人的情绪顿时放松下来，他情不自禁地开口道："是的，对于这样的人，我真是恨不得立即给他们一些教训！"

安德森点点头，小声问了一句："利普里教授是这样的人吗？"

嫌疑人脸上出现了惊讶的表情，但随即变成了苦笑，他说："我想你们应该早就知道事实真相了，没错，就是我策划了爆炸案，我的目标就是利普里……"

接着，嫌疑人开始娓娓讲述自己的故事，因为学术研究成果被人剽窃，又不断地遭受排挤和诬陷，他才愤然离开了学校，并萌生了报复的心理……

嫌疑人一口气讲了半个小时，安德森一直认真地倾听着，一点都没有表现出不耐烦来，他凝视着嫌疑人的双眼，不时用点头、叹气来表达自己的情绪，让嫌疑人感觉受到了莫大的"鼓舞"，忍不住把自己心中的秘密全都讲了出来……

当唐尼回到审讯室后，发现嫌疑人居然已经全部供认了，他惊讶地问安德森："你是怎么说服他的？"安德森笑着说："也没什么，我不过是坐在这里认真倾听罢了。"

为什么嫌疑人在面对两名审讯者时会有如此截然不同的表现呢？就是因为倾听在沟通中发挥了神奇的效果，它帮助审讯者赢得了嫌疑人的信任和好感，嫌疑人感觉自己的痛苦和委屈都是审讯者能够理解的，所以他会心甘情愿地开始表达，而这无疑大大提高了沟通的效率。

正是因为倾听如此重要，我们在沟通中一定要学会认真地倾听，有效地倾听，才能逐渐成为像破案专家这样的沟通高手。为此，我们需要做到

以下几点:

1.布置适合倾听的环境

为了更好地倾听对方的话语而不会受到不必要的打搅,我们应当征求对方的同意,提前设置好适合沟通和倾听的环境。这样的环境应当非常安静,周围没有人流、车流制造的喧嚣,像是公园、咖啡厅、私人办公室等都可以成为不错的选择。另外,在对方开始讲述前,我们最好能够将电话、手机设置为静音,以免中途受到来电打搅而影响了对方的思路。布置好这样的环境后,我们就可以更好地倾听对方,而对方也会有一种受到了尊重的感觉,会更加乐于讲出自己的心声。

2.表现出专注的态度

在倾听对方讲话时,一定要集中精神、认真聆听,这样不会让我们错过对方要讲述的信息,还会让对方感觉获得了足够的重视。所以,在倾听时千万不能左顾右盼、神不守舍,也不能做些转笔、看表之类的小动作,而是应当用专注的目光凝视对方,同时身体微微前倾,表现出十分投入的样子,这会让对方受到感染,不但会愿意说出更多信息,还会对我们产生更多好感。

3.一边听一边给出适度的回应

为了表现出我们确实在认真倾听,思想没有开小差,我们还可以不时地给对方一些恰到好处的回应。比如,在对方说出一个观点的时候,我们可以用轻轻点头和"你说的对""我也这么想"等简短的话语来表示赞同;当对方在说一件有些好笑的事情时,我们也要用适时的笑容来回应对方,这可以让对方感觉更加轻松,也能够告诉对方我们对他的话语很感兴趣,对方会感觉非常愉悦。

此外需要提醒的是,为了激发对方的讲述欲望,我们还要注意安排好座位,最好能让自己和对方处于同一高度,面对面交谈,这会让对方有一种被平等对待的感觉,也有助于让对方放下包袱、畅所欲言。

沟通时消除偏见，才更听得进去

倾听是重要的沟通技能，它能帮助我们与他人进行更加顺畅的交流。不过在现实中，很多人却学不会有效的倾听，在沟通中完全听不进去他人的话语，这主要是因为没有学会消除对他人的偏见，才导致产生了排斥心理，让自己无法接受他人的认识、观点和思想。

对于这种情况，来自新西兰惠灵顿市的破案专家奥列佛说道："我发现很多经验不足的办案人员，在倾听他人时常常摆脱不了固有的偏见，这会导致倾听低效或无效。所以我会指导他们消除偏见，暂时忘记自己的立场、观点、情绪，也不要用'有色眼镜'看人，之后再全神贯注地倾听对方的话语，就能听得更多、听得更加深入了。"

有一次，奥列佛和一位年轻的警官一起审讯一名连环盗窃案的嫌疑人。在审讯过程中，奥列佛为了给年轻警官一个锻炼的机会，就一直没有说话，而是在一旁静静地聆听审讯。不过他很快就发现这名年轻警官对嫌疑人怀有不小的偏见。

每当犯罪嫌疑人开口供述的时候，年轻警官都表现得很不耐烦，脸上还带着鄙夷的表情，手里无聊地摆弄着钢笔，根本就没有用心倾听嫌疑人的话语。而嫌疑人也意识到了这一点，在回答问题时态度越来越不积极。

眼看这次审讯就快以失败告终了，奥列佛不得不示意年轻警官先暂停问讯。他带着年轻警官一起走到审讯室外，对年轻警官说："你为什么不用心倾听嫌疑人的供述呢？"

年轻警官用理所应当的语气回答道："我看过他的资料，这人就是个道德败坏的惯犯，我根本不相信他说的每一句话，他不过是为了脱罪在砌词狡辩。"

奥列佛无奈地说："这就是你的偏见了。你并没有认真听取并分析他说的每一句话，就匆匆忙忙地认定他在说谎，这样做只会遗漏很多有价值的线索。其实，我刚才一直在听你们的对话，我注意到他说把一部分赃物交给了'阿德恩'的手下去处理，你可知道，这个'阿德恩'可是一个声名赫赫的犯罪分子，也是我们警方一直在追捕的对象。如果你刚才有用心去倾听，就不会忽略这个细节，倘若你能顺着这个名字问下去，说不定会有惊喜的发现。"

年轻警官听到这里，露出了惊讶的表情："哎呀，我怎么没注意这个……"

奥列佛语重心长地说："如果你总是带着偏见去听，当然什么都听不进去了。"

年轻警官认识到了自己的错误，调整了一番情绪后，再次进入了审讯室。两个小时后，年轻警官带着兴奋的表情告诉奥列佛，自己从嫌疑人口中听到了一些非常有用的情报……

在上述这个案例中，我们可以看到，对人对事的偏见已经成了倾听的重要障碍，这种偏见会导致我们在还没开始倾听对方的话语之前，就妄加评论，认为对方的话语"没有价值""不值一听"，继而就会引起漏听、错听、错解等倾听中常见的问题。

想要做到有效倾听，就要像破案专家奥列佛所说的这样，要放下偏见，把自己置于忠实的收听者的位置，然后从客观的角度去倾听对方，才不会被自己的一些固有观念、立场、观点所影响而导致出现听不进去的情况。

具体来看，我们为了做到消除偏见，有效倾听，就应当充分注意以下几点：

1. 在倾听时保持开放的心态

想要有效倾听，就应当改变自己的狭隘、闭塞的心态，要学会接纳和包容各种各样的沟通对象，特别是不要用偏见对待那些认知水平较低、素质不高的沟通对象。破案专家在沟通之前，都会有意识地提醒自己："我和对方存在巨大的信息不对称，甚至我们的认知根本不在一个层面上，但我沟通的目的是获得信息和增进理解，而不是为了表现自己的优越感。"带着这种开放的心态去沟通，就不会出现对方开口说话却因为看不起对方而不愿意认真倾听的问题了。

2. 避免先入为主的判断

很多人在与他人沟通时，总是喜欢做一些先入为主的判断，而且这种判断往往非常主观，或是以偏概全，或是道听途说，其实都不符合实际情况，而这样的判断也会造成强烈的偏见，会直接影响到倾听与沟通的效果。

比如，一听说对方是诈骗犯就认为对方所说的每一句话都是谎言，一听说对方的家境非常富裕就马上给对方挂上"富二代""纨绔子弟"的标签，之后在倾听对方的话语时难免就会流露出轻慢的态度，结果不仅无法倾听到有用的信息，还常常会引起对方的不满，使沟通渐渐陷入僵局。所以在倾听他人说话前一定要克服先入为主的心理，先不要急着对对方的人品、能力、资质等特质下结论，而是应当在倾听中去认识，在沟通中去了解，这样才能更好地理解对方，并能将对方所说的意思全部听懂听透。

3. 停止选择性倾听

选择性倾听也是一种带有先入为主性质的倾听坏习惯。有这种习惯的人在倾听他人说话的时候，总是选择性地听自己愿意听的内容，对于其他不想听的内容则进行了自动"过滤"；而在做出回应的时候，他们也只对感兴趣的内容进行回应，却拒绝回应其他的内容。

破案专家指出，这样做将会产生两个方面的负面影响：一方面会造成信息接收不完全，容易产生误解，导致沟通无法顺畅进行；另一方面也会让对方感觉十分不快，会影响人际关系的和谐。而要改变这种坏习惯，也要注意消除自身偏见，要平和地倾听对方全部的话语，才能还原出话语的本色。

此外，破案专家还提醒我们在倾听的过程中要多进行理性的思考，不能从自身偏见出发，认为对方在话语中说出的观点毫无价值，而是应当多观察、多比较，并与自己已经掌握的信息互相印证，才能得出更加可靠的结论。

礼貌倾听，不要随意打断对方

有的人在沟通中很难做到用心倾听，他们总是控制不住自己的表达欲，总喜欢急不可耐地在对方说话的时候插嘴，使得对方的讲述被迫中断。这样不仅难以获得充分的信息，还会让对方感觉很不礼貌，严重时可能会让对方的情感受到伤害，最终就会让沟通的效果大打折扣。

对此，一位破案专家，来自加拿大蒙特利尔警察局的丹尼尔·拉沃伊认为："经常打断他人，无法有效倾听，可能是一种焦虑心理过于严重的表现，这种焦虑心理会让人急于发表自己的意见，但也会让被打断的一方心生反感。所以想要认真倾听，就要学会调适自己的心理，要抑制自己想打断对方的念头。"

拉沃伊曾经负责过警队的沟通培训工作，他发现有很多缺少经验的新警察在与人沟通时常常会出现这种随意打断他人的问题。为了让大家对这个问题引起足够的重视，拉沃伊就在培训课上播放了一段视频，视频截取自一部警匪片中警察向证人取证的段落：

警察：先生，12月3日这天晚上，8点到9点，您在家里吗？

证人：我在，我本来是要出去吃饭的，不过……

警察：那您是怎么注意到对面楼层的凶案的呢？

证人（突然被打断，思路有些跟不上，停顿了片刻）：我在阳台上抽烟，忽然看到对面有个女士在向我这边招手，当时我……

警察：您是否在当时看到了凶手呢？

证人（第二次被打断，有点不高兴）：是，我看见了，那个人拿着刀子站在女士的身后，我觉得……

警察（不耐烦地打断）：请您仔细描述一下凶手的外形。

证人（第三次被打断，脸色不太好看，语气也变得不客气起来）：离这么远，我怎么看得清？好像是卷发吧，穿着黑色皮夹克……

警察：请您确认一下，确实是卷发吗？

证人（第四次被打断，彻底被激怒了）：不知道！不确定！我全忘了，别问我了！

说完证人转身扬长而去，警察着急地喊着："先生，先生，我还没有问完……"

看到这里，拉沃伊关掉了视频，他对新警察们说："你们一定觉得这个警察非常粗鲁且不懂沟通的艺术，但实际上，我发现你们中很多人也有这样的毛病。我希望你们今后不论是与证人沟通，还是与嫌疑人或其他人沟通，都要学会耐心倾听，不要总是急不可耐地打断对方，而是要给对方把话说完整的机会。"

拉沃伊的这一课让新警察们受益匪浅，之后他们在沟通中果然很少再出现随意打断他人的问题了。

的确，打断他人是一种非常不礼貌的行为，而且对于沟通来说危害极大。一方面，打断了对方的话语，也就会让对方的思路暂时停顿，这会让对方的思绪变得紊乱，很有可能无法说出原先准备好的信息，也就会让沟通的效果受到很大影响；另一方面，不停地打断对方，也会让对方感觉没有获得应有的尊重，对方会滋生不满情绪，说话的热情和积极性都会减弱，如果当时对方恰好心情不好的话，随意打断更无异于是火上浇油，会让对方恼羞成怒，沟通就可能会陷入僵局。

因此，我们一定要学会礼貌倾听，要让对方心平气和地把该讲的话讲完，不要在中途随意插嘴打断对方。如果想要发表意见的想法非常强烈，我们不妨先做点其他什么事来转移自己的注意力。破案专家的经验是可以做几下深呼吸，或者在心中默数十下，然后不断提醒自己："现在不是我说话的时间，要先给别人一些表达的机会。"通过这样的方法，就能够有效地控制爱打断他人的行为了。

那么，如果在倾听中听到了自己无法赞同的观点，该怎么处理呢？破案专家的建议是先抑制住想要驳斥对方的心理，要知道，沟通不是辩论，哪怕我们听到了自己无法赞同的观点，也不应该马上就旗帜鲜明地表示反对态度，否则就会破坏倾听的氛围，还会让沟通变成没有意义的"打嘴仗"。

因此，我们在倾听的时候应当注意保持平和的心态，要先尽量接纳对方提出的观点，待对方充分表达后，再给予相应的赞同或反对的反馈意见。而且对于自己不能苟同的部分，我们不能态度生硬地直言斥责，而是应当以真诚、谦和的态度指出其问题，并具体解释原因，这样才能够让对方心悦诚服。

适时重复，使倾听产生更多效果

在倾听的过程中，适时重复对方所说的内容，可以表现出一种热心的态度，会让对方感觉到你非常重视他所说的话语，这会让对方获得鼓励，愿意讲出更多信息。

很多破案专家在与证人、嫌疑人沟通的时候，也经常会采用这样的办法。来自美国俄亥俄州韦斯特维尔市警察局的托尼警官就非常善于倾听并进行重复回应。他会认真倾听对方所说的每一句话语，然后巧妙地对其中重要的内容或存在疑问的地方进行复述，从而可以让沟通更加顺利地推进。

有一次，警察局接到了一宗特别的报警。报警人是一位中年妇女桑德拉，她在上高中的儿子的房间发现了一把手枪和一些印有威胁性话语的传单，这让她感到十分恐惧，于是立刻拨打了报警电话。

托尼警官来到了桑德拉家，对她进行了简单的询问。桑德拉说话有点啰唆，但托尼一直用心听着，还不时地附和几句，引导她继续讲下去。

桑德拉带着担忧的表情说："最近我的儿子有点奇怪。"

托尼脸上的表情也变得凝重起来，他马上用重复的办法回应道："是吗？有点奇怪？"

桑德拉受到了鼓励，一边回忆一边讲述道："以前他跟我有说有笑，可是最近总是闷闷不乐的，我问他怎么了，他还不耐烦地叫我少管闲事。最近他每天从学校回来，就把自己关在房间里，吃饭的时间也不肯出来。"

托尼抓住了桑德拉话中的重点，再次重复道："把自己关在房间里？"

桑德拉的思路受到了影响，很自然地说到了房间的事情："是的，他很喜欢躲在房间里上网，最近我发现他经常和几个不三不四的人聊天。"

托尼立刻重复道："不三不四的人？"

桑德拉露出了气愤的表情："没错，肯定是因为他们，我儿子才会变成这样的。那几个小混混好像要吸收他加入什么帮会……"

等桑德拉讲完后，托尼点点头，这次没有再重复，而是说："女士，我大概明白情况了，我们需要带走您儿子的电脑进行调查……"

没过多久，托尼就从这件小案子出发，挖出了一个专门引诱未成年人进行犯罪行为的黑帮。

警官托尼在沟通的过程中，会重复这位母亲所说的部分话语，再加上点头赞许、随声附和等技巧，能够激发对方的表达欲望，同时还能对对方的思路产生合理的引导作用。与此同时，对方也会认为托尼正在诚恳地听自己诉说，所以她会毫无顾忌地敞开心扉，将自己知道的一切情况如实相告。

我们在倾听对方的话语时也可以效仿托尼警官的做法，用适当的重复去扮演忠实听众的角色，以达到促进沟通的目的。

当然，重复对方的话并不是不加选择地盲目重复，否则就会成了故意说废话；而且重复也不是越多越好，若是对方说一句我们便重复一句，那就成了笨拙无趣的"鹦鹉学舌"，会让对方感觉很不舒服。所以在重复对方的话语时，我们应当学习托尼警官的经验，从以下几点做起：

1. 用重复起到强调的效果

在倾听过程中，如果听到了比较重要的信息，就可以进行重复，这样一方面能够告诉对方我们一直在认真地听，思想没有开小差；另一方面也便于提醒对方注意这些具有关键性的内容。因为沟通往往是"说者无心，听者有意"的，可能对方也没有意识到自己在无意中讲到了问题的重点，经我们重复提醒后，对方常会有恍然大悟的感觉，之后的对话就更能命中问题的要害，也就可以大大提升沟通的效率和效果。

2. 通过重复来核实信息的准确性

有时对方一次诉说的信息过多，并且其中包含人名、日期、地点、数字等非常重要的信息，我们也应当进行重复，以便提醒对方核实信息是否准确，这能够避免很多不必要的误解。比如，一位销售员在与客户沟通时，客户口头下订单，想订购规格为十一米长的管线，销售员连忙重复了一遍："是十一米长吗？"客户连忙摇头，说了半天，才让销售员弄明白客户需要的是十七米长的管线，只是因为口齿不清才把"十七"说成了"十一"，幸好销售员记得复述一遍来进行核实，否则就可能给自己的公司造成损失了。

3. 用重复对方的话来衔接自己的问题

重复对方的话还可以起到衔接的作用，能够非常自然地引入一个新的话题，并可以提醒对方在刚才所说的信息的基础上进行进一步的思考，这会让对方的思路变得更加清晰。比如，一名证人说："……我在她家楼下等待了半个小时……"待证人说完后，警官就抓住"半个小时"这条关键信息进行了重复，并引出了自己要问的问题："你等了半个小时，这期间你有没有注意到陌生人进入那所公寓？"证人受此启发，马上开始回忆自己当时看到的情况，并很快就为警官提供了一条重要线索。

4. 加入疑惑的语气，促进对方进一步陈述

如果对方讲述的内容是我们不能赞同的，或是有明显的漏洞和谬误，我们也可以用重复的办法来提醒其注意，不过在重复话语的同时应当加上上升的语调和疑惑的语气，使对方意识到我们已经发现了问题，他就会想办法改正或进行进一步的解释。比如，一位嫌疑人自述说自己到被害人家里，只是想拿回被害人欠自己的钱，负责讯问的警官便用疑惑的语气重复道："只是想拿回欠款？"嫌疑人一听就慌乱起来，连忙解释，并讲述了很多之前不肯交代的细节，也让这个案件的线索变得更加明朗。

综上所述，在沟通倾听中，我们需要有技巧地巧妙重复对方的话语，而不是简简单单地进行机械性的重复。重复技巧如果用得好，就会让我们的沟通起到事半功倍的效果，所以平时要多多揣摩，多多学习，才能像破案专家一样应用自如。

细听弦外之音，领会对方真实心意

破案专家提醒我们，在倾听对方的话语时，不但要倾听话语本身要传达的意义，还要试着去听懂对方想要告诉我们的"弦外之音"。因为在有些情况下，对方可能会将不便表明的信息用委婉含蓄的话语说出来，而像破案专家一样的沟通高手就会在倾听时捕捉那些藏在表面事实下的"话中话""弦外之音"，这样就能洞察对方的内心，也就更能够提升沟通的效果了。

下面这个与"弦外之音"有关的沟通案例就被很多破案专家津津乐道：

这是在一个寒冷的雪夜，美国亚特兰大市警察局突然接到了一个报警电话。报警者是一位年轻的女士，她用颤抖的声音说："您好，我想订一份汉堡，请送到……"

接电话的年轻警察立刻打断了她的话，还用无奈的语气说："女士，你打错电话了！"说完，他挂了电话，对一旁的同事抱怨道："这些无聊的市民真是太可恶了，竟然把订餐电话打到警察局来了。"

他的同事是一名经验丰富的老警官亨特，亨特一听就觉得此事有蹊跷，他用严肃的语气问道："你怎么不听她说完呢？万一她正处于危险中却不便言说呢？"年轻警官顿时张口结舌，心中也觉得有些后悔。

正在这时，电话又响了起来，亨特抢先接起了电话，当他听到对方说"请给我订一份汉堡，送到……"的时候，赶紧把地址记了下来。等到对方说完，亨特用沉着的语气说道："女士，您拨打的是报警电话。"

对方迟疑了一下，马上回答道："没错，我要双层汉堡，给我多放点芝士，记得一定要快！"说到"快"的时候，对方使用了重音，似乎想要引起亨特的注意。亨特略一思索，马上明白了对方的"弦外之意"，他轻声说："女士，请问是不是发生了紧急事件，请回答'是'或'不是'就可以。"

对方立刻回答："是！"亨特又问道："请问你现在是否在安全的地方？"对方果断回答道："不是！"

亨特冷静地说："请您不要挂断电话，我们在5分钟内就能赶到！"这时，亨特听到对方发出了一声如释重负的长叹，之后对方还用感激的语气说了声"谢谢"。

亨特不敢耽误，马上安排人手前往电话中听到的地址，并最终成功地将报警的女士营救出来。原来，这位女士惨遭丈夫的殴打，丈夫还扬言今夜一定要杀死她，她想要报警，又怕被丈夫阻止，只好用"订汉堡"为借口向警方求助，幸好亨特警官听懂了她的"弦外之音"，才保护了她的生命安全。

在这个案例中，两位警官在沟通中的表现形成了鲜明的对比。年轻的警官缺乏足够的耐心，来不及等对方说完就挂断了电话，更别提用心去领会对方想要表达的"弦外之意"了。而经验丰富的破案专家亨特警官则认真地聆听对方所说的有些荒唐的话语，并及时地捕捉到了对方的心意，然后采取了正确的措施，使得一场悲剧得以避免。

我们平时倾听他人的话语时，也应当像亨特警官这样，发挥自己的判断力和思考力，去细听话语表面之下隐藏的含义。当我们能够听懂"弦外之音"时，就抓住了与人沟通的诀窍，也就能够成为在沟通中无往而不利的高手。

那么，在倾听中如何捕捉"弦外之音"并准确领会对方的真实心意呢？破案专家为我们总结了以下几点技巧：

1. 由谈话内容捕捉"弦外之音"

在沟通的过程中，对方很可能会把不便直接言说的意思用"拐弯抹角"

的话语表达出来，所以当对方忽然说起一些与当前沟通情境没有关联的话题时，我们就要考虑一下，看看对方是不是有什么"弦外之意"。比如，在本节案例中，沟通对象拨打了警察局的电话，却说出了"订汉堡"的话语，初听上去感觉莫名其妙，但破案专家却敏感地意识到这是对方想要用暗示的办法来报警，这种沟通方面的敏感让破案专家及时地接收到了对方的真实心意。我们在平时沟通的时候也应当注意培养这种敏感，不能总是机械性地对方说什么就听什么，而是要像破案专家一样能动地听、高效地听。

2. 由情绪变化捕捉"弦外之音"

虽然在沟通中，人们会在言语上掩饰自己的真实心意，但是情绪的变化是藏不住的。我们只要细心揣摩，就能从情绪上发现疑点，继而就能够听懂对方的"弦外之音"。比如，一位入职不久的年轻警察就某案件写了一份调查报告，当他把报告交给上级审批的时候，上级表情非常严肃，用轻描淡写的语气随口说了一句："不错。"年轻警察认为自己得到了上级的表扬，正在沾沾自喜，一位同事却好心地提醒他："头儿对你的报告不满意，赶快重写吧。"

为什么这位同事能够听出上级的"弦外之音"呢，就是因为他从上级的表情和语气中揣摩出了情绪变化，如果上级真感觉满意的话，就不会用严肃的表情给出敷衍的评价，而是会带着欣慰、赞赏的情绪说一些真心实意的夸奖的话。由此可见，我们在倾听时一定不能忽略对方的情绪，可以从对方的表情、语气、语调来体察对方此时怀有的感情，才能避免会错意、领错情。

3. 从对方的暗示中捕捉"弦外之音"

如果对方非常希望我们能够听懂他的"弦外之音"，就可能会给我们一些"暗示"，这也需要我们在沟通中集中注意力，要多留意一些"反常迹象"，以便解读对方的真实心意。比如，对方反复强调某些词语或句子，或是对方突然对某个字眼加重了语气，再如对方悄悄地向我们使眼色、做手势等，都说明对方是话里有话。我们一定要重视对方的这种暗示，并要想办法顺着对方的话语进行沟通，使对方能够知道我们已经明白了他们的真实心意。

　　需要提醒的是，我们在听取对方的"弦外之音"时也不要太"多心"，要避免把对方无心的一句话也当成了话里有话，这样反而会影响沟通的效果。因此，我们要注意将上述几点结合起来进行综合分析，即在倾听话语内容的同时注意体察其情绪、接受其暗示，这样就能从对方的只言片语中察觉到对方的真实用意了。

第六章

双向沟通法：积极反馈，沟通才会更有成效

沟通形成互动，才会更有效果

按照是否能够获得反馈，我们可以把沟通分为单向沟通和双向沟通两类。单向沟通就是我们发出信息，对方只接纳却不回应，比如，在公开场合做演讲、做报告等都属于此类，这样的沟通速度较快，但是对方却没有给出反馈意见的机会，无法产生参与感，也不利于建立我们与对方之间的紧密联系。

因此，在日常工作和生活中，我们会更多地需要双向沟通，也就是要调动对方的积极性，使对方产生平等感和参与感，对沟通增强自信心和责任心，与此同时，沟通双方之间的距离也会拉近，沟通的效果会大大提升。

广东省某市检察院的一位破案专家韩检察官就这样说道："我经常要和形形色色的犯罪嫌疑人、被告人打交道，时常会遇到他们在沟通中惶惑不安或逆反抗拒的情况，对于这样的沟通对象，我会尽量激发他们主动反馈的意愿，通过双向沟通把握他们的心理，消除他们的心结，使沟通能够获得满意的结果。"

2018 年，韩检察官在提审一名在押人员刘某的时候，发现她情绪很不稳定，对于检察官提出的问题，要么欲言又止，要么躲躲闪闪，致使审讯难以如期推进。

韩检察官意识到刘某肯定有什么难言之隐，便鼓励她道："刘某，你有什么困难，或是有什么要求，都可以大胆地说出来，不要有什么顾虑。"

刘某受到鼓励后，有些胆怯地说："我……我有一个小问题……"

韩检察官温和地说："没关系，小问题也要讲出来，别藏在心里。"

刘某感觉到了韩检察官的善意，心情一下子放松了很多，她大着胆子说："我被法院判处有期徒刑两年，可是刑期多算了五天，我听有人说在看守所羁押的时间可以折抵刑期……"

说到这里，刘某不好意思地解释道："您可能觉得五天时间不算什么，可是对我们在押人员来说，每一天都是度日如年，我不得不斤斤计较。"

韩检察官并没有嘲笑或者责备刘某，而是耐心地说："我非常理解你的心情，像这样的问题你应该早点向我们提出来。你放心吧，我会去仔细审查的，如果确实发现刑期有误，我会向上级提出申请为你更正日期。"

韩检察官的态度让刘某十分感动，她连声说了很多遍感谢的话语，又保证自己一定会配合调查。之后韩检察官向她提出的问题，她都会主动积极地作答，使得韩检察官获得了很多有价值的破案线索。

在这个案例中，我们可以看到，破案专家为了激发对方的反馈意愿，采用了鼓励、安慰、表示认同等多种沟通方法，向对方表示了自己的尊重和理解，对方接收到了这些友善而积极的信号后，减少了很多不必要的顾虑，也愿意将自己心中的问题讲出来以获得帮助。这样的沟通有来有往，形成了双向互动，最终也达到了对双方都有利的结果：破案专家获得了更多线索，在押人员的诉求也得到了表达，并有可能得到解决。

由此可见，我们在沟通中应当追求双向互动，也就是说，不但要保证信息传递给对方的渠道通畅无阻，还要让对方将信息传回的渠道也获得疏通，以便形成双向循环，这样信息的交流和传递才会更加准确和完整。为此，在沟通中我们应当始终注意以下两点：

1. 提醒对方积极反馈

如果对方在沟通中表现得非常消极，只是被动地接受我们发出的信息，却很少或从不做出反馈的话，我们一定要及时对其进行必要的提醒，以促使对方发表反馈意见，否则沟通的效果就难以保证了。因为我们无法确定对方是否完整、准确地接收到了我们所说的信息，如果放任不理的话就很容易造成误解。

比如，作为上级，向下属发出指令时，就应当提醒一下下属"你对这个任务有什么看法""你准备采取什么样的措施""你有没有什么觉得困难的地方"，然后再根据下属的反馈给予应有的指导。相反，如果没有得到下属的反馈就任由他们去执行，最终执行的成果就很可能与我们的期待大相径庭，而这就是缺乏双向沟通造成的结果。

2. 认真对待对方的反馈并马上给出答复

在获得了对方的反馈后，我们还应当表现出足够的重视，并要尽可能给对方相应的答复。如此一来，沟通才能变得有来有往。遗憾的是，在现实的沟通情境中，有不少人却忽略了这一点，他们对待沟通对象的反馈过于轻慢，有时对方给出了反馈，他们却轻描淡写地说一句"知道了""好吧"之类的话语，听上去就像是在敷衍对方，这自然会打消对方反馈的积极性。而正确的做法是像本节案例中的破案专家一样，用具体、明确的语言告诉对方"我很重视你的反馈，我会马上想办法解决这个问题，不会让你失望"，这样的态度显然会产生十分积极的助推作用，会成为双向沟通的润滑剂。

当然，为了促进双向沟通，我们还需要采用一些切实有效的技巧，比如用巧妙的问题来引导对方的思路，用友好协商来推动对方的积极性，用换位思考来促进更多的反馈等。在下面的章节中，我们会结合破案专家的经验和真实经历一一探讨。掌握了这些技巧后，我们在沟通中遇到的障碍就会更少，沟通的目的也会更加容易实现。

刻板的一问一答，会让沟通索然无味

破案专家在与人沟通时，经常需要提出问题再由对方来回答，可是这样很容易让双方之间的谈话变成刻板的一问一答。这样的沟通缺乏变化，会让沟通对象感觉索然无味、兴致全无。所以为了避免出现这种情况，破案专家就会想办决变一问一答为巧妙引导，然后给对方留下发挥的空间和余地，并能够影响对方的意愿与感受，使对方能够在沟通中表现出主动性和积极性来，这样沟通就会变成更有成效的双向沟通了。

美国佐治亚州的一位破案专家查理·汉克斯就用下面的案例来提醒我们在沟通中要做好引导的工作：

2018 年年初，汉克斯所在的警察局抓获了一名犯罪嫌疑人，这名嫌疑人涉嫌杀害自己的未婚妻珍妮。由于珍妮主动提出分手，导致嫌疑人怀恨在心，趁珍妮不备，在她的咖啡中下了毒，将她杀害了。

警方根据搜集到的线索，很快就确定了嫌疑人，并将他抓捕归案。在第一次审讯中，一位年轻的警官与嫌疑人进行了下面的对话：

问：你叫什么名字？

答：约瑟夫·科布伦。

问：你今年多大了？

答：32 岁。

问：你知道警方为什么要逮捕你吗？

答：我怎么知道？

问：别想狡辩！快说，你是怎么害死未婚妻的？

答：我没有害死她。

问：不要再隐瞒了，你是从哪里得到毒药的？

答：我不知道什么毒药。

……

就这样，双方一问一答，嫌疑人始终不肯松口，而警官步步紧逼，反倒让嫌疑人的情绪变得更加对立，最后无论警官问什么，嫌疑人都不再回答了。

第一次讯问毫无结果，第二天，汉克斯决定亲自出马。在讯问前，汉克斯先分析了一番嫌疑人的心理，他认为嫌疑人虽然杀害了未婚妻，但到底还是对她怀有很深的感情，所以汉克斯打算从这一点出发对其进行引导：

汉克斯：你和珍妮在一起多久了？

嫌疑人（略有迟疑）：有6年了。

汉克斯：你爱她吗？

嫌疑人：（低头不语，情绪显得非常低落）。

汉克斯：（拿出了一封嫌疑人写给未婚妻的情书，挑了几句念起来）。

嫌疑人（情绪有些激动）：不要念了，求求你了……

汉克斯：写得很动人，为什么不能念？难道你已经不爱她了吗？

嫌疑人（更加激动）：我爱她，可是她已经变心了！

汉克斯：这就是你杀害她的原因吗？

嫌疑人（低下头，意志崩溃）：我只是一时冲动，其实我早就后悔了，这些天我没有睡过一个好觉……

就这样，汉克斯在讯问中通过巧妙引导嫌疑人，获得了与第一次讯问截然不同的效果。

对比这两次讯问，我们可以发现第一次讯问就是刻板的一问一答，而且警官没有把握嫌疑人的情感特点、心理状态，一味采用强硬的语气试图逼迫对方承认犯罪事实，使得嫌疑人情绪严重对立，沟通也陷入了难以破解的僵局。而在第二次讯问中，经验丰富的破案专家汉克斯则抓住了嫌疑人的"软肋"，然后由此出发进行话语的引导，使得嫌疑人从被动答话变成了主动发表意见，之后更是在汉克斯的引导下交代了自己的犯罪事实。

这种通过引导促进沟通双向互动的技巧也是值得我们学习的，我们可以从以下几个方面进行引导式的沟通：

1. 帮助对方厘清思路

在平时的沟通中我们可能会有这样的经验，有的时候对方的思路还不太清楚，冷不防遇到我们抛出的问题，他们自然会感觉难以回答。假如我们不管不顾地继续发问，就更会让对方感觉困惑，那么谈话就很容易陷入尴尬的境地。

为了避免出现这种情况，破案专家提醒我们在与他人交流前不要急于发问，而是可以先简单地说一说背景情况，让对方明白我们的用意。不过在交代情况时应注意语言简练，不能过于啰唆，否则不但无法帮对方厘清思路，反而会让对方更加困扰，所以只要提供最重要和关键的信息去引导对方即可。通过引导之后，对方就不会再感觉"一头雾水"，在沟通的时候也能变得主动一些。

2. 从对方最在乎的事情进行引导

在沟通过程中，如果感觉互动性不够，对方反应不积极、不主动，我们就要想办法引起对方的强烈关注，而这可以从对方最在乎的事情入手。就像在本节案例中，破案专家汉克斯认为嫌疑人虽然杀害了未婚妻，但对未婚妻还有很深的感情，于是他就从这一点出发精心设计了问题，并尝试用嫌疑人所写的情书来进行引导，结果取得了非常理想的效果。当然，想要像汉克斯这样在沟通中成功引导对方，就需要多了解对方的信息，并要认真聆听对方的说法，才能抓住其最在乎、最关注的部分，引导的时候才会产生奇效。

3. 给对方留下表现的余地

在沟通中，我们一定要确保自己所说的话能够让对方顺利地接下去。

那些沟通能力欠缺的人往往就是在这一点上做得不到位，他们总是问一些会限制对方思路的问题，而在回答对方提出的问题时，又过于简单，只会简单地回答"是"或"不是"，像这样的沟通就会失去互动性和灵活性。

所以，为了能够让对方顺利地"接话"，我们可以多多使用开放式的提问，给对方留出回答的空间。同时，我们也不能把话说得太过绝对，也没有必要一定要让对方同意自己的观点，相反，尊重对方的观点和立场，才能给对方留出表达的机会，沟通才会变成真正的互动。

4. 根据对方的反应调整策略

在引导对方进行沟通时，我们还要像破案专家一样随时关注对方的反应，然后根据对方的表现调整引导策略，以促进对方积极发表意见，达到双向沟通的目的。为此，我们应当注意观察对方的肢体动作、面部表情，以便确定对方到底是在积极地思考答话，还是思想已经"开了小差"。如果是后者，我们就应当及时提醒对方，同时要调整自己的语言，可以转换话题，也可以直接询问对方对我们提出的观点有什么看法，还可以问一问对方有什么需要解释清楚的地方。通过这样的引导，就能让对方不得不开始思考并做出回应，谈话也会从刻板的一问一答变得有意思起来。

不过，若是经过这样的引导后，对方的状态仍然不积极，而且对方的心思明显不在谈话内容上，那么我们也不必勉强交流，不妨委婉地询问对方是否可以换个时间再行沟通，这样也能避免浪费时间和精力却达不到沟通的目的。

双向沟通缩影：协商式沟通

协商式沟通是一种非常典型的双向沟通形式：在沟通过程中，一方不会倚仗自己的职权、优势等把自己的意愿强加于另一方，而是会多多征询另一方的意见，从而在协商中找出共同的话题、共同的目标，并最终达成意见的一致。

很多能力卓著的破案专家虽然都有独当一面的实力，但他们遇到问题还是会多与他人进行协商式沟通，这不但能够体现他们尊重他人、谦虚谨慎的气度，还能帮助他们从他人口中获得更多有价值的想法，而这对于问题的解决很有帮助。

2017 年 3 月，广东省某县的一个派出所接到了报案，称一名居民遭到骑摩托车的不法分子持刀抢劫，歹徒从居民手中抢走了手机、现金等财物后，就骑上摩托车匆匆逃离现场。

接到报案后，派出所立刻组织警力沿着歹徒逃遁的方向搜寻，但却毫无收获。派出所向县公安局的领导做了汇报，分管刑侦工作的刘副局长身经百战，他对本案进行了分析，发现这伙歹徒作案手法非常熟练。他们选择在深夜作案，而且从实施抢劫到撤离现场，整个过程居然还不到 2 分钟，使得受害人没有机会看清楚他们的体貌特征，无法提供什么有价值的线索。

刘副局长认为这批歹徒很有可能是经验丰富的惯犯，如果不立刻将其抓捕，就可能造成更大的社会危害。于是他做出指示，要求公安局民警和辖区派出所立即进行拉网式侦查，争取尽快找到嫌疑人的踪迹。

没想到这伙歹徒比刘副局长预想的还要疯狂，仅仅几个小时后，另一个派出所又接到报案，同样是受害人被摩托车劫匪持刀抢走了 1000 多元现金和两部手机。刘副局长大为震怒，但他也想到拉网式调查速度慢，效率低下，为了快速侦破此案，他将公安局、派出所相关人员组织到一起，成立了专案组，希望通过协商式沟通找到更好的破案途径。

在专案组工作会议上，刘副局长号召民警们集思广益，多多发表自己的看法。不过嫌疑人留下的痕迹实在太少，想要从茫茫人海中把他们揪出来，无异于大海捞针。就在民警们都默不作声的时候，刘副局长注意到一位年轻的警察小何似乎有话想说，可是他神情有些犹豫，张张嘴又不敢出声。刘副局长赶紧出言鼓励道："小何，你有什么想法，大胆地说出来吧。"

小何有些不好意思地说："我觉得这伙歹徒就像从天而降一样，突然出现在我们县境内。按照他们的作案频率，以前不可能连听都没听说过他们的'大名'，所以我想他们是不是从外地流窜过来的。当然这只是我的猜测……"

小何的想法让刘副局长很受启发，他对小何大为赞赏，还让大家都要向小何学习。在刘副局长的推动下，其他民警也纷纷开动脑筋，对小何的思路进行补充。最终，通过反复协商，专案组敲定了一条新的侦破思路：兵分两路，一批民警与邻近几个省市的公安局联系，寻找作案手段相似的案件，进行并案侦查；另一批民警到火车站、汽车站调查，寻找最近 1-2 个月进入本县的可疑人员。

十几天后，专案组发现了一条重要线索，并锁定了一名于 2 月初从广州打工归来的嫌疑人黄某。随后，民警对黄某实施抓捕，而黄某在审讯后也交代了伙同他人抢劫的犯罪事实。他们是一个 4 人的犯罪团伙，曾经在广州、中山等市实施过抢劫。根据黄某的供述，民警最终成功抓获了其他几名犯罪嫌疑人，圆满破获了此案。

在这个案例中，破案专家刘副局长最初按照自己的经验制定了拉网式搜捕的侦查策略，但收效甚微。于是他立刻进行了反省，并积极地与下属和同事进行沟通。在沟通中，他非常重视协商互动，通过召开工作会议的方式广泛听取下属的意见，并最终形成了解决问题的新思路。这种解决问题的办法也反映出了刘副局长卓越的沟通能力和协调能力，具备这样的能力，就可以确保信息准确表达，并能够妥善处理好上下级、平级之间的关系，还能促进相互理解、相互配合，因而能够更好地解决实际问题。

当然，在进行协商式沟通时，也需要掌握以下这几条原则，才能达到最理想的效果：

1. 打破自我中心的沟通模式

很多人在沟通中喜欢以自我为中心，凡事强调"我"的意见或感受，却从不考虑他人的想法和感受，这样势必会引起沟通障碍，会让沟通对象失去交流下去的兴趣，那么沟通就会成为"独角戏"，不可能达到双向互动的目的。所以破案专家提醒我们一定要摆脱这种过于自我的沟通模式，要注重和他人互动交流，追求协商解决问题的效果。

2. 尊重他人意见，不随便施压

在与他人协商沟通时，要注意将他人放在与自己平等的位置上，以探讨的态度去听取对方的意见，而不应当用自己的地位或职权向对方施压，这样会产生非常恶劣的效果，很有可能会让自己再也听不到他人真实的想法。我们常常会见到一些公司或机构的部门变成了某个领导的"一言堂"，就是因为领导不够尊重下级的意见，很少主动进行协商沟通，导致下属面对任何事情都不再积极思考，而是被动接受命令，这实际上并不利于问题的解决和部门的发展。

3. 搭建沟通平台，破除沟通障碍

为了促进协商式沟通，应当注意给他人发表意见创造条件和机会，特别是部门的领导者和管理者就更应当积极行动起来，搭建沟通平台，以便广开言路，让下属能够畅所欲言。很多破案专家在实际工作中就是这样做的，他们非常注重沟通的作用，会借助各种规模的会议、电子邮件、电话、即时通信软件等多种工具与工作中的各方都能保持较好的互动关系，这也

使他们能够随时对具体情况做出调整和妥协，并能够对他人的疑问给出及时的回应，同时也能更好地赢得下属和同事的支持与配合，而这也为案件的侦破工作提供了必要的条件。

总之，沟通离不开双向互动，而协商式沟通就是一种行之有效的双向沟通模式。在工作和生活中，多进行这样的协商式沟通，既有利于信息的传递和分享，又能减少摩擦、增进了解，可谓一举多得。

懂得换位思考，换来积极反馈

换位思考就是站在对方的角度思考问题，以便充分地理解对方的想法，然后在此基础上与对方进行沟通，就可以改善和拉近我们与对方之间的关系，并能够换来对方的积极反馈，使双向沟通可以达得更加理想的效果。

破案专家每天都要和形形色色的人打交道，当他们遇到对方态度消极导致沟通不畅的情况，就会熟练地应用换位思考来搭建双向沟通的桥梁。

2017年7月至8月，在四川省某县发生了几起团伙抢劫案。该团伙以语言威胁、匕首威胁、箍脖挟持等方式将受害人带到僻静的场所实施抢劫，夺走受害人随身携带的手机、现金等财物。接到报警后，当地警方十分重视，在广泛收集信息后掌握了很多线索，又通过蹲点守候抓获了一名从犯王某某。

刑警大队的杨警官负责对王某某进行审讯，在审讯中，王某某的抗拒心理非常严重，对自己的犯罪事实百般抵赖，最后索性不再开口，使审讯一度陷入了僵局，变成了警方单方面提问却得不到回应的单向沟通。

杨警官心想，对于这样的犯罪嫌疑人不应当采用强硬的措施逼供，而是可以试着用换位思考的办法去了解其心理，借机找到沟通的突破口。看着手中的卷宗，杨警官认为，王某某不承认犯罪事实很有可能是担心会受到法律严惩，不过他不是主犯，而且本案中也没有受害者重伤、死亡的情况，不会出现量刑过重的问题。于是杨警官用温和的语气把这些事实对王某某讲了一遍，王某某的表情果然变得轻松了一些，不再一言不发，杨警官问的问题都能得到他的反馈。

不过当杨警官试图让他交代主犯的下落时，王某某又表现得顾虑重重，他吞吞吐吐，半天也说不出有用的信息。眼看审讯即将停摆，杨警官又一次进行了换位思考，他估计王某某是在讲江湖义气，觉得"出卖"团伙成员不够"仗义"。

弄明白王某某的心理问题后，杨警官"对症下药"道："王某某，现在可不是讲哥们义气的时候了，我们那句'坦白从宽、抗拒从严'可不是开玩笑的，如果你愿意全部交代，可以获得宽大处理。何况就算你不交代，我们也掌握了足够的线索，破案只是时间问题。我劝你多为自己着想，千万别白白放弃这个获取立功表现的好机会啊。"

杨警官的话字字都说在了王某某的心坎上，王某某思索了一番，终于下定了决心，他大声说："我交代，我全都交代，我要争取宽大处理！"之后，王某某的态度变得积极得多了，主动说出了主犯和另外三名从犯的下落，还交代了很多犯罪细节，使得警方获得了很多有价值的线索，从而在最短时间内抓获了全部嫌疑人，成功破获了此案。

这个案例告诉我们，换位思考在双向沟通中，确实能够起到非常积极的作用，因为它能够避免不理解对方心意的自说自话，可以帮助我们切身体会对方的感受、想法，然后说出一番能够让对方大受触动的话语，这样也会激发对方的有效反馈，使得沟通能够成为真正意义上的双向互动，而不是我们勉力维持的"独角戏"。

因此，我们在日常工作、生活中，想要更好地与他人进行双向沟通，就应当像破案专家一样采用换位思考的方法，将自己的内心世界、情感体验、思维方式等与对方联系起来。而在进行换位思考的时候，我们需要注意以下几点：

1.设身处地地为对方考虑

双向沟通如果出现了阻碍，我们就应当及时地进行换位思考，看看是哪里出现了问题。有的时候，对于同样的一件事情，从我们自身的角度出发，是很难发现症结所在的，可要是我们将自己代入对方的角色，设身处地地想一想"我在这种情况下，该怎么办"，就能够找到对方为什么会对沟通不主动、不积极的原因了。就像在本节案例中，破案专家就数次将自己代入了嫌疑人的角色中，思考他对于供认罪行、提供线索都有哪些顾虑，继而发现了对方最担心的事情，然后从言语上给予了解释，使得对方打消了顾虑，在沟通中的表现也从消极变得积极起来。

2. 给予对方充分的理解

每个人都有自己的人生观和价值观，他们看待问题的方法和角度不一定会和我们相同。对此我们不必强求一致，也不要试图把自己的观点强加于对方，而是应当向破案专家学习，要强化自己换位思考的意识，试着去理解对方，并表现出对对方的尊重。这样一来，对方也会愿意敞开心扉，给予我们更多反馈。

不过，我们在进行换位思考的时候，一定要注意避免主观臆断，不能完全从自己的角度出发去想象对方的情况，这样的假想是不具有客观性的。为此，我们在做换位思考前应当尽量多收集对方的信息，了解对方所处的真实环境和他们当前的心态，这样就更容易理解对方的话语了。

3. 不妨做一做自我检讨

如果感觉与对方沟通不下去，我们即使心情再不佳，也不能对对方进行言语攻击，否则会让问题变得更加严重。我们应当像破案专家一样，冷静地换位思考一下，看看对方是不是有什么合理的理由，而我们自己是不是有什么地方考虑不周，然后态度诚恳地对对方说："对不起，刚才在这个方面我没有考虑到你的想法，可能让你感到困扰。我想修改我的建议，你看这样是否可行……"一般对方听到我们的自我检讨后，对我们的诚意都会表示出谅解和接纳，双向沟通也可以借此重启，并能够达到比较良好的效果。

需要提醒的是，换位思考是为了更好地理解对方，而不是完全迁就对方的意愿，这两者是完全不同的两回事。所以破案专家指出，如果对方的想法、意见有不妥当的地方，就应当在表示理解的基础上委婉地指出其问题，并给予充分的说明和良好的建议，使得对方能够心悦诚服地接受，这样才能达到沟通的目的。

表示认同，让对方沟通的态度更加积极

每个人都想获得他人的认同，这会让他们有一种被理解、被欣赏、被赞赏的正面的心理感受。破案专家也是由此出发进行沟通的，他们会主动向对方释放强烈的认同感，这样对方就会更愿意主动发表意见。

一位来自美国密苏里州圣路易斯市的破案专家斯廷顿曾这样说道："我在与人沟通的时候，会用适时的点头来表示对对方的认同，有时我还会说一些表示肯定的话语，这能让对方获得鼓励，他就会更加主动地做出反馈，有时他对于沟通的积极性甚至会超越我的预期。"

在实际沟通中，斯廷顿经常使用"认同沟通法"去激发对象的谈兴，以便形成有效的双效沟通。有一次，斯廷顿正在追查一个连环杀人案件，他收到消息称嫌疑人曾经在郊外的一个农场短暂停留过。于是斯廷顿立刻赶到了该农场，见到了农场主人——一位60多岁的老人，他似乎对警方怀有某种偏见，态度很不配合，不停地对斯廷顿说："快走！别耽误我的时间，我还得去盯着那些雇工呢！"

面对老人的无礼态度，斯廷顿一点也没有表现出生气的样子，他反而用一种认同的语气说："您说的对！有的雇工确实不够自觉，稍一放松他们就会偷懒。不过我就问您一个问题，保证不耽误您太长时间。"

听斯廷顿这么一说，老人反而有些不好意思驱赶他了，便不耐烦地说："你不就是想问那个来农场要水喝的人吗？我不过就给了他一杯水、一个面包，难道这也触犯了法律？"

斯廷顿连忙笑着说："当然没有触犯法律，您放心吧。既然您还记得

130

那个人，就帮我认一认照片吧，您看看这几张照片里有那个人吗？"

斯廷顿把准备好的照片递给老人，老人一下子就从里面找出了嫌疑人。斯廷顿又用赞许的语气说："这真是太棒了，您可是帮了我的大忙了。那您还记得他是怎么来的吗？他有车吗？还是步行？"

老人听说自己"帮了大忙"，心中不免有些得意，在斯廷顿的鼓励下，他开始认真地回忆当时的情景，还仔细地描述道："那个人是徒步走过来的，看上去挺可怜的，衣服和鞋都破破烂烂的，胡子很长，好像有几天没吃饭了，我给了他一个面包，他那副狼吞虎咽的样子可真是吓了我一跳。我问他要去哪，他随口说要去汉尼拔（密苏里州的一个小镇），不过我看他那副样子，怕是走不了多远就会倒在路上。"

斯廷顿没想到竟然能从老人口中获得如此关键的信息，他高兴地说："您告诉我的线索非常重要，真是太感谢您了！"老人听着斯廷顿赞许的话语，脸上也不由地露出了微笑。

在上面这个沟通案例中，一开始沟通对象对破案专家的态度非常不友好，也不肯积极发表意见，而破案专家就采用了表示认同的办法，对沟通对象所说的话语给予了充分的认可，还用"太棒了""帮了大忙""非常重要"等话语满足了沟通对象的虚荣心，同时也激发了他主动交流的欲望，于是沟通就从破案专家单方面问讯发展为双方互相交流，而破案专家也从双向互动沟通中获得了很有价值的情报。

这个案例也提醒了我们，在沟通时，一定不能忽略向对方表现出足够的认同感，特别是对方有敌对情绪，对沟通表现出兴趣匮乏、发言不积极、对问题无反馈等情况时，我们就可以像这位破案专家一样，用及时的认可抚平对方的敌对情绪，使沟通向着积极的方向发展。

那么，该如何正确运用"表示认同"的沟通方法呢？

1. 从心理上接受和认同他人

在与人沟通时，我们首先应当像破案专家一样，在自己的头脑中形成

一种积极的赞同态度，即不要总是盯着对方话里话外的漏洞去进行批评和指责，而是应当努力去发掘对方话语中值得赞赏的部分，并形成自然而然地去赞同和认可的好习惯。这种习惯会让我们在沟通中自发地流露出认同的态度，而且不会让对方感觉生硬、做作。

2. 在言语中体现出认同感

当对方表达自己的观点时，我们可以模仿破案专家的做法，用点头的方式进行认同，还可以注视着对方的双眼，说一些适当的表示认同的语言，如"我非常赞同""的确如此""这一点非常重要""我理解你的意思""你这个问题问到点子上了"等，这些话语会让对方感到十分欣慰和自豪，他们就会愿意传递更多的信息。

不过，在说出赞许的语言时要注意简短、恰到好处，切勿长篇大论，或不停地表示赞同，这样既会打乱对方的思路，又会让认同感显得不够真诚，都会影响双向沟通的效果。

此外，破案专家还提醒我们，即使对方正在说的话语不能让我们感到赞同，也不能立刻表示反对，因为这样会打消对方沟通的积极性，而且还可能引发人际矛盾。所以不到万不得已的情况，一定不能轻易否定对方。

第七章

请求沟通法：巧妙请求，对方更愿意帮助你

敞开心扉，用诚意引导对方主动帮忙

在工作和生活中，我们总是避免不了要向他人请求帮助的情况，在这种时候，内心难免会感觉忐忑，生怕会被对方拒绝而引发尴尬。对此，破案专家提醒我们，请求贵在真诚，一定要敞开心扉，让对方感觉到我们是发自内心的有求于他，对方才会重视我们的请求，并有可能主动帮忙，而这也是请求能够获得成功的关键之所在。

破案专家在有求于人的时候，会表现出诚恳的态度，与对方在真实自然、坦诚相待的基础上沟通感情，而他们也常常能够依靠诚意赢得对方的帮助或支持。

一位在英国伦敦警察厅工作的警官准备到法国巴黎参加一个关于地区反恐主题的会议。他提前订好了机票，可是没想到在出发这天，偏偏遇上了大堵车，导致他在路上耽误了不少时间。等到他好不容易赶到机场的时候，却被工作人员告知，登机通道在1分钟前已经关闭，只能为他改签第二天的航班。可是会议的举办时间是第二天早上9点，显然耽误不得。

这位警官十分焦急，不过他知道飞机此时还未起飞，所以他认为自己还有机会。于是他按捺住内心的焦躁情绪，来到几位工作人员面前，看到其中有两位男性，一位女性。警官考虑到女性比较容易被真诚的语言打动，于是他走向那位年轻的女士，用恳切的目光望着她，有礼貌地说道："尊敬的女士，能否请您通融一下？因为我有非常重要的事情，必须登上这架飞机。"

女士看着警官的脸，被他真诚的表情打动了，知道他确实是遇到了困难，但机场规定不能轻易破例，女士只能用同情的语气说："实在抱歉，我恐怕帮不了你。"

警官不敢拖延，马上从衣兜里掏出了证件，指点着上面的职位给女士看，同时对她说："我要参加一个非常重要的会议，如果赶不上这架飞机，即使到了巴黎也没用了。请您行个方便吧，不然我就会面临非常严重的后果了。"

这位女士看到警官的证件后，相信他不会说假话，对他的难处也很理解，便决定帮他联系一下机长，看他是否愿意放行。

两分钟后，女士放下了电话，微笑着对警官说："你的运气不错，机长让你尽快登机。"警官喜出望外，但也没有忘记真诚地向这位女士道谢，连声赞扬她是一个乐于助人的好心人，计这位女士非常开心……

这个案例告诉我们，在请求他人帮助的时候，表现出足够的诚意，往往能够打动对方的心，而这种诚意可以从目光、表情、动作、话语中得到体现：

1. 用目光表现诚意

眼睛被称为心灵的"窗户"，当我们与人沟通的时候，目光可以代替语言传达一部分情绪变化和心理活动。因此，破案专家提醒我们，在向他人求助的时候，一定要用真挚、热切、专注的目光来表现诚意，当对方接收到这种目光的时候，就会认为我们所说的每一句话都是发自肺腑的，而他们也会认真考虑我们请求的内容是否在他们的能力范围之内。相反，若是我们在请求的时候，眼珠乱转或目光躲躲闪闪，就会让对方感觉我们缺乏诚意，那么我们的请求得到应允的可能性就会有所降低。

2. 用表情表示诚意

除了眼神，适度的表情也能帮助我们打动对方。比如，皱紧双眉、嘴角微抿的发愁、难过的表情，就很容易让对方意识到我们确实处于困境之中，这有助于唤起对方的同情心，使对方答应我们的请求。不过在做这种表情的时候要注意发自内心，不可刻意做出一些过于夸张的、甚至有些虚假的烦恼、痛苦的表情，那样反而会让对方产生戒心，会觉得我们所说的困难并不是真实的。

3. 用语言和动作表示诚意

在表达诚意的时候，不要忘了把请求的话说得悦耳动听一些。这时候就要适当用一些语言修饰，以便把我们希望对方帮助的渴望心情表达出来。同时，不要忘记适当地表示自己的歉意，因为帮助我们势必会给对方造成一定的麻烦，所以在言语之中表达出歉疚感，就会让对方获得一种心理补偿，会让对方觉得帮助我们是一种享受，而不是一种负担。

在说话的同时，我们还可以通过不时的点头等动作来对对方进行心理暗示，以告诉对方我们所说的都是实话。这样对方听到我们诚恳的语言，再接收到点头的暗示，内心就会对我们所说的话确信无疑，我们也就可以进一步赢得信任并获得对方的帮助了。

此外，破案专家还教给我们一个请求他人的小窍门，就是在请求的内容之后加上"因为……"的句式，并给出具体的理由，这样就会将对方关注的焦点从我们的求助内容转向我们面临的实际困难，而这很容易激发对方的同情之心。比如，我们可以对比一下这两个请求：

1. "请帮我转交这份文件给某某"。

2. "请帮我转交这份文件给某某，因为上级让我必须马上去参加一个小组讨论，实在没有时间了"。

后者因为加入了"因为……"句式和充分的理由，听上去更有诚意，而且对方一听就能理解我们的难处，请求的成功率也就会大大提高了。

说些好听的赞美话，制造适合请求的情境

想要请求他人帮助自己，除了要展露出足够的诚意，还要学会说一些好听的赞美话。这种赞美不是刻意地讨好、奉承，而是由衷地对对方身上与众不同又比较优秀的地方给予认可和夸赞，这会让对方内心感觉非常满足和自豪。此时再适当提出一些不超出对方能力范畴的请求，对方往往会欣然同意。

破案专家很会利用这种办法去制造一种适合请求的情境。一位来自美国宾夕法尼亚州匹兹堡警察局的破案专家崔西就这样说道："我在求人帮忙之前，会选取对方最值得欣慰和自豪的事情大加赞赏，这会让对方对我产生很多好感，之后想要让对方答应我的小小要求，就不是什么困难的事情了。"

有一次，崔西想要请求一位证人帮忙作证，可是对方觉得在公开场合露面作证有些"没面子"，所以在崔西第一次打电话联系的时候，对方就态度坚决地拒绝了他。

崔西没有气馁，他打听到证人在周末的下午有去咖啡厅喝下午茶的习惯，便匆匆地赶了过去。证人看到崔西后，表现得有些反感，但崔西却没有马上和他谈案子的事，而是拿起了证人正在读的一本小说，饶有兴趣地翻阅起来。

崔西一边翻一边说："您读的书可真是深奥啊，我敢说，不具备丰富的经济学知识、思维不够缜密的人，肯定都读不懂书里说的是什么。"

在这句话中，崔西不露声色地赞美对方"具备丰富的经济学知识""思

维缜密"，对方也听出了他话里的意思，不禁含笑谦虚道："哪里哪里，我只是随便翻阅一下。"

崔西用真诚的语气说："从一个人平时读什么书，就能看出他的知识水平、见识素养，我这可不是在恭维您，这确实是我跟很多人打交道后得出的经验。"

崔西虽然没有直言夸赞对方，但是话里话外都流露出对对方的知识水平、见识素养的欣赏，自然让对方觉得心里美滋滋的。

接着崔西又巧妙地赞美了对方几句，让对方非常开心，也愿意和崔西进行交流了。见对方心情不错，崔西这才慢慢把话头引向那件案子，还对对方说："我知道像您这样的成功人士都是很有社会责任感的，您一定不会眼睁睁地看着我们警方束手无策，让那个犯罪分子逍遥法外吧。"

对方一下子被崔西戴上了两顶高帽子——"成功人士""有社会责任感"，一时也有些飘飘然的，他略一思索，便同意了崔西的请求。而崔西自然又对对方的"正义感"进行了一番赞美，让对方前去作证的决心变得更加坚定了。

在这个案例中，我们可以看到，在请求之前先对对方进行适度的赞美，可以满足对方的自尊心、荣誉感、成就感，这往往能让对方感到非常愉悦。在这种情况下再对对方进行有技巧的话语引导，就能够让对方高高兴兴地接受我们的请求。

不过，想要让赞美在请求时能够切实发挥作用，就需要遵循一定的原则，这样才能说到对方的心坎上。在此，我们可以参考破案专家在赞美时常用的一些经验：

1. 赞美应当实事求是

想要让对方在听到赞美后获得强烈的愉悦感受，我们就应当认真思考一下措辞。破案专家的建议是要先自我感受一下这种赞美的话语是否能让对方产生积极的情绪。如果对方觉得赞美话听上去很虚伪，不够实事求是，那么他们就会不为所动，甚至还会觉得反感，这就会失去赞美的意义，也就更加难以达到请求的目的了。所以在赞美时应当实事求是，措辞不要过于夸张，最好能够对对方引以为豪的事情进行赞美，对方的感触就会非常深刻了。

2. 赞美应当具体生动

赞美时如果只是用泛泛的语言进行夸奖，很难给对方留下深刻的印象，比如，在上面的案例中，如果破案专家只是泛泛地说上一句："您真是太有品位了！"像这样的赞美就是不具体不生动的，也不会让对方被深深打动。所以破案专家在赞美对方时采用了非常具体生动的语言，还加入了不少形容词，这样的赞美话一听就是用心组织的，显得非常诚恳，对方自然非常爱听，而且也会对破案专家产生好感。

3. 赞美应当热情真诚

破案专家告诉我们，在说着赞美话的同时，还应当附带上一些表情和动作，以显示这些话语确实是发自肺腑的。比如，一边赞美对方一边用真诚的目光望着对方的眼睛，同时做出微笑的表情，并可以恰到好处地一边说一边点头，这些表现都可以让对方感受到我们热情、真诚的态度，也会让对方被深深打动。

需要指出的是，赞美虽好，但也要注意尺度，切忌没完没了、频率过高。特别是在求人办事的时候，赞美就更当收发自如，如果过度赞美对方，难免会让对方心中升起怀疑的念头。他们会开始猜测我们频频赞美他们的目的何在，在这种情况下，想要请求他们去做某事就会变得更加不容易了。所以破案专家提醒我们一定要见好就收、适可而止，只要用适度的"好话"让对方感觉开心、自豪即可，之后就要思考该如何自然地提出自己的要求了。

寻找相似点，更能达成自己的目的

破案专家通过长期沟通实践发现，人们对于与自己有相似之处的人，总是更容易产生亲近的感情，在沟通之中容易互相了解，并能够产生情感的共鸣。为此，破案专家提醒我们，想要请求他人帮助自己做某事，就可以从这一点出发，努力找到我们与对方相似的地方，再将其作为请求的突破口，这样就更容易达到自己的目的。

一位享誉全球的痕迹学家马丁先生在退休后，来到法国斯特拉斯堡定居。当地警察局非常希望能够聘请马丁先生担任顾问，但几次打电话邀约，都没能获得与马丁先生面谈的机会，他的助手则干脆地表示，马丁先生只想回家乡安享晚年，不愿再被"俗务"打搅。

警察局的罗贝尔警官是公认的沟通高手，和马丁先生沟通的任务最终落到了他的身上。罗贝尔警官没有急于登门拜访，他首先发挥了自己的观察与跟踪强项，悄悄地在马丁先生的住所外观察了一个星期，对老人每天去哪里晨跑，到哪里散步，什么时候去图书馆，什么时候去喝咖啡之类的细节都了如指掌。

在观察中，罗贝尔警官注意到老人会在星期一和星期五的晚上8点左右去保龄球馆打保龄球，而且他每次都会穿一套某个牌子的运动服，这种运动服在本地非常少见。于是罗贝尔警官也想办法准备了同款同色的运动服，在星期五晚上7点半就穿好运动服来到了保龄球馆。没过多久，老人也准时前来，他几乎是在一瞬间就注意到了罗贝尔，还上下打量着他的服装。罗贝尔赶紧放下手中的保龄球，走上去热情地打招呼道："您好，看来您也喜欢这个牌子。"

"是啊，"老人微笑着说，说完还饶有兴趣地与罗贝尔攀谈了几句，罗贝尔特意指出自己就是土生土长的本地人，这个相似之处也让老人对他产生了很多亲切感。等到罗贝尔展示了自己精湛的保龄球技术后，老人更是连连赞叹："你打得不错，有我年轻时的风采。"罗贝尔趁势说道："您也会打保龄球吗？看来我们连兴趣爱好都很相似啊。""确实如此。"老人赞许地点头。

之后两人聊得更加投机了，老人还热情地邀请罗贝尔去家里做客。在老人家，罗贝尔很自然地在闲聊中讲到自己在警察局工作，而警察局在痕迹鉴定方面还很薄弱，想请求老人偶尔指点一番，并不需要花费太多的时间和精力。老人因为与罗贝尔十分聊得来，非常喜欢这个年轻人，便没有拒绝他的请求，同意可以暂时向警察局提供帮助……就这样，罗贝尔顺利地完成了沟通任务。

罗贝尔警官在请求他人帮忙时，没有直来直去地提出请求，而是采用了先寻找相似点拉近双方距离的办法，消除了对方的戒心，并增加了对方对自己的好感。有了这样的"相似"基础，双方关系会变得越来越亲密，这时再提出一个对对方来说不算过分的请求，一般都不会遭到对方的拒绝。

这个案例也提醒了我们，请求他人的时候从相似点入手进行沟通，往往能够起到事半功倍的效果。而这样的相似点其实也不难发现，只要我们多留心对方的言谈举止，并提前收集一些资料，就可以找到相似点，而这样的相似点可以有显性和隐性之分：

1. 显性相似点

所谓显性相似点，就是我们与对方显露在外的，可以被一眼看到的相似点。比如，发型、服装、身材、配饰方面都可以找到很多相似点，就像本节案例中的破案专家就通过人为制造"服装"这个相似点，使得被请求的对象对他产生了几分兴趣，这样在攀谈时马上就能找到话题，而且不会让请求对象产生警惕心理。

2. 隐性相似点

隐性相似点就是隐藏在内的籍贯、兴趣、爱好、经历、学历、职业之类的相似之处，这些相似点会让人产生相同或相似的切身感受，更会成为我们在请求他人帮助时的绝好助力。当然，要找到这样的相似点需要我们在沟通前做好准备工作，要多研究一下请求对象的相关信息，才有可能抓住最能引起对方情感触动的相似点。

比如，一位美国 FBI 探员想要请求一位政府官员批准通过一项计划，在攀谈时，探员就有意地提到了自己曾在海军陆战队服役的经历，而这名官员也有同样的经历，他立刻对探员产生了非常亲切的感情，滔滔不绝地谈了很多往事，并对过去的岁月感慨万千。之后见时机成熟，探员再提出自己的请求，对方虽然没有当场应允，但也承诺一定会认真考虑，而这也为请求的目的最终得以实现创造了条件。

事实上，人与人之间总是存在着这样或那样的相似点，也可以成为我们请求时可以利用的"捷径"。只要我们能够像破案专家一样用心观察，就能够找到相似点，并由此出发去与对方沟通，就不会遇到太多的沟通阻碍。而且随着交谈内容的深入，能够发现的相似点会越来越多，双方之间的关系也会越来越亲密，请求沟通的难度就会逐渐降低。

暗示自己的困难，使对方主动相助

在请求他人帮忙办事的时候，如果有难以启齿的感觉，不妨采用暗示的办法，巧妙地在话语中表露自己正处于比较困难的境地，同时可以激发对方的恻隐之心，这样对方往往会提出主动帮忙，而我们也就达到了请求的目的。

很多擅长求人的破案专家经常会应用这个办法。一位来自英国米德尔斯堡市警察局的警官摩根就这样说道："我发现暗示是一种很好的请求策略。有些事情直接要求对方去做，会让对方有被驱策的感觉，他们会感觉不太舒服。可要是用暗示的办法委婉地说出来，对方却会痛快地答应。"

有一次，摩根坐公交车上班的时候不小心弄丢了钱包，导致自己身无分文。可是他这天还要出门调查，可能要去好几个地方，至少需要准备几十英镑的乘车费。

摩根打算问同事借钱，但是又不好意思开口。恰好一位与他关系不错的同事看到他的情绪非常低落，就随口问了句："你怎么了？"

摩根灵机一动，就做出痛苦的表情道："唉，别提了，今天真是太倒霉了。"

他这么一说，反而让同事产生了好奇心。同事马上追问道："到底是什么事啊，说来听听。"

摩根垂头丧气道："我早上出门太着急了，不小心把手机放在了家里，后来钱包又丢在了地铁里，真是糟糕。"

同事同情地安慰道："已经丢失了，也没有办法，别着急了。"

摩根苦恼地挠头："可是我身上一分钱都没有，一会儿还得去和证人见面呢，这可怎么办啊？"

同事马上接口道："我借给你，50英镑够吗？"

摩根连忙回答："够了，够了。真是谢谢你啊，明天我就还你。"

就这样，摩根虽然没有直接请求同事借钱给自己，却通过暗示的办法达到了目的。那位同事则认为自己又做了一件好事，心里也觉得非常愉快。

虽然摩根通过直接请求的办法也有可能获得同事的帮助，但毕竟没有让同事主动提出帮忙的效果更好，而这就是他善于运用"暗示法"的结果。通过暗示，摩根委婉地告诉同事"我现在有难处"，而善解人意的同事领会到了这一点，又发现这不过是个举手之劳的小忙，所以才会愿意主动伸出援手。

我们在请求他人的时候也可以尝试使用暗示的办法，这可以让请求的话更容易说出口而不会感觉尴尬，而且即便对方没有"会意"地答应我们的请求，我们也不会有"没面子"的感觉。

在具体使用"暗示法"的时候，我们可以参考破案专家常用的一些办法：

1. 暗示自己处境艰难

在暗示中透露自己当前处境艰难，可以引发对方的同情心，促使对方主动提出帮忙。像本节案例中摩根警官所用的就是这种办法。我们在学习这种做法的同时还可以将自己的"不幸遭遇"描述得略微夸张一些，另外还可以加上烦躁、难过、后悔之类的表情，以及无精打采的语调等，以加强语言的感染力，使对方更加愿意帮助我们。

2. 在暗示中留下能够引导对方的"线索"

有的时候我们还可以在暗示的语句中留下一些"线索"，以引导对方进行思考，并顺理成章地做出决定。比如，一位警官想要请一名证人作证，他拨打了证人的电话，本来想说"请您抽空跟我面谈一下"，可又担心这样会被证人拒绝，于是便采用了暗示的办法，对对方说："我现在在贵公司附近，走几步路就到。"证人一听便主动开口道："那您到我办公室来谈吧。"

在这里，警官就留下了一个暗示"我距离你很近"，对方则由此做出了自然而然的思考——"不能让人家白跑一趟"，因此就会主动提出和警官面谈了。

3. 用自相矛盾的话来进行暗示

破案专家有时还会用一些乍听上去有些自相矛盾的话语来进行请求暗示。比如，一位破案专家对一位证人说："我本来不想跟你提这件事，但还是提了。"这就是在暗示证人："请你帮我这个忙吧。"

还有一位破案专家在邀请知情人会面时这样说道："真不应该在这个时候打搅您，但实在是没有办法。"这其实是在暗示对方："请你还是来一趟吧。"

这些"自相矛盾"的暗示话语能够表达出请求的意思，同时又能反映出一种麻烦到他人的内疚心情，会使对方获得一种"心理补偿"，所以如果不是感觉特别困难的话，他们一般都会主动应允请求。

请求可以一步步提，对方更容易接受

在心理学上有一种"登门槛"效应，是说如果我们能够成功地让他人答应我们一个微不足道的请求，那么就有可能让此人答应我们更大的请求，这种现象就好像是在登门槛，可以帮助我们循序渐进地实现请求的目标。

在实际沟通过程中，破案专家们会经常利用"登门槛"效应达到自己请求的目的：

美国弗吉尼亚州里士满警察局的一名警官正在调查一起抢劫谋杀案。因为案件发生在深夜的郊区，缺少目击证人，偏偏附近也没有监控摄像头可供取证，警官只能寄希望于离案发地点最近的一户民居，希望能够从知情人口中获取有力的线索。

然而，当警官好不容易敲开这家人的大门，说出了自己的来意后，对方——一位神情有些畏缩的中年女士却一个劲地摇头说："我不知道，我什么都不知道。"警官知道这位女士肯定在隐瞒什么，但想要请她说实话显然不是一件容易的事情。

警官想了想，做出一副可怜的表情道："女士，我上午从警察局出来，一直忙碌到了现在，口渴得受不了，您能给我一杯水吗？"这天天气非常炎热，警官的衣服都被汗水湿透了，听到了他的这个请求后，那位女士不忍心拒绝，同意给他倒一杯水。

当女士端着水杯走过来时，警官却没有接过杯子，而是"得寸进尺"地说："女士，实在是不好意思。您看，天这么热，我实在是太累了，您

146

能让我进去一边喝水一边吹吹空调吗？"

这位女士看了看警官真诚的表情，犹豫了几秒后，点头示意警官进门。当然，警官喝完水后也没有立刻离开，而是又提请求说想要在女士家里休息一会儿。女士也同意了他的请求，这就给警官留下了与女士深入沟通的机会。

警官征得了女士的同意，在她家里四处看了看，称赞了一番整洁的环境和美观的陈设，还和女士闲聊了几句家常，让女士不知不觉放下了戒心。当警官得知女士平时几乎足不出户时，马上问道："那么前天晚上，您一定听到街角的声音了吧。"一边说着，警察还一边用手指着临街的窗户，说道："这扇窗户正朝着那个方向，路灯也很清楚，想必您一定也看到了当时的情景吧。"

女士想要开口，却欲言又止，警官用真诚的目光望着她的脸说："我请求您为我们提供线索，让我们可以早日把歹徒绳之以法。我也很理解您担心会遭到报复的心情，但警方会对您的作证保密，并且还会安排人手为您提供保护，一定能够保证您的安全。"

女士的嘴唇翕动，表情犹豫不定，似乎正在进行激烈的思想斗争。警官趁热打铁道："我知道您一定会答应我的请求的，因为您是一个如此善良的人，不会忍心看着无辜的受害者白白死去的，对吗？"

警官的话终于让女士下定了决心，她点点头道："好吧，我会把我看到的、听到的都说出来，希望你们早点抓到那个坏蛋……"

在这里，这位警官在请求知情人说出实情的时候就利用了"登门槛"效应，一步步地提出了自己的请求，先是从微不足道的"喝一杯水"开始，升级到"进屋喝水"，再到"喝完水休息一会儿"，逐渐缓解了沟通僵局，还获得了与知情人深入沟通的机会。等到他与知情人充分拉近了关系之后，离达成目的也就不远了。

那么，"登门槛"效应在请求沟通中为何能够产生奇效呢。这主要是因为答应他人的请求会影响到一个人的自我认知，如果已经答应了一次请求，心中就会不由自主地产生"我是乐于助人的好人"之类的自我认知，这时如果再接收到其他请求，为了保持这种自我认知的前后一致，就会倾向于继续答应请求，而不是果断拒绝。就像在这个案例中，那位女士在之前答应警官的请求时，已经产生了"我是一个善良的人"的自我认知，而当警官请求她说出实情的时候，为了不违背这种认知，她最终选择了帮助警方。

了解了"登门槛"效应后，我们在现实请求沟通的情境中该如何去运用呢？

1. 请求不要直奔主题

请求他人帮忙，最好不要一开口就说："请你帮我……"这样会因为缺乏必要的铺垫而显得非常突兀，也会让对方感觉比较失礼。而且如果我们的请求比较棘手的话，对方很可能就会断然拒绝，之后也很难再有回转的余地。所以破案专家在请求他人时一般不会采用直奔主题的方式，而是会采用迂回的话术，说一些与请求的事项关系不大的事情，以便让对方消除戒心，再通过旁敲侧击的方法让对方对请求之事有一些心理准备，之后才会不紧不慢地提出自己的请求。

2. 将难度大的请求进行分解

如果我们希望对方答应的事情具有一定的难度，为了不让对方知难而退，我们可以尝试将自己的请求分解，以提升对方应允的可能性。比如，美国某个小镇警察局打算在每户民居的庭院中设置交通安全警示牌，费用由居民自己负责，但是考虑到大多数居民不会接受这个请求，于是警察局就将任务分解为先签署交通安全知情书，再签署警示牌安装同意书，最后缴纳安装费用这几个小的请求。很多居民都爽快地在知情书和同意书上签字了，后来警方请求大家缴纳费用的时候，这些签过字的居民大多干脆地缴纳了款项，只有极少数居民表示了不满。这也说明大多数人在接受了较低的请求后，对于后续适当增加难度的请求也不太会表示拒绝。

3.循序渐进地提出请求

"登门槛"效应告诉我们，在提出请求的时候不要急于求成，而是应当像破案专家一样，循序渐进地提出请求，而且一定要从较小的、难度较低的请求开始，一步步接近自己的最终目的。

比如，一位推销员想要请求客户购买自己的产品，就不能直接说出自己的目的，而是可以先提出一个小小的请求："先生，请您给我 5 分钟的时间，可以吗？"假如对方答应了这个小请求，那么他就会不只让出 5 分钟，还有可能会让出 10 分钟、20 分钟，更有可能最终会答应推销员的终极请求——买下产品，而这就是"登门槛"效应的绝妙之处。

请求被对方拒绝，也不能失去风度

向他人提出请求，总是不可避免会遇到被拒绝的情况，在这种时候很多人都会觉得有些尴尬或失望，并会把这种情绪流露出来，让对方也感觉很不舒服。更有甚者被拒绝后还会恼羞成怒，对对方进行语言攻击，使得双方之间的关系降至冰点。

这些都不是被拒绝后正确的做法。来自美国洛杉矶警察局的破案专家唐纳德提醒我们：即使被对方拒绝，也应当保持自己的风度，这样才能给对方留下较好的印象。何况，一次拒绝也不代表请求的终点，我们完全可以变换策略或方式，再次或多次提出请求，只要请求的内容不过分，对对方也不会造成什么损害，那么对方还是有可能接受我们的请求的。

在下面这个案例中，唐纳德就用自己的亲身经历告诉我们在请求被拒绝后应该如何表现：

有一次，唐纳德需要向一位当红的影视明星咨询一些问题，可是这位明星的行踪一向是对外界保密的。唐纳德想办法找到了明星的经纪人，但对方一再推诿敷衍。

唐纳德没有气馁，他搜集了一些与明星有关的信息，了解到洛杉矶有一家名不见经传的小咖啡馆的幕后老板就是这位明星。于是唐纳德悄悄来到了这家咖啡馆，走到吧台要了一杯咖啡。

在店长为他调制咖啡的时候，唐纳德有礼貌地说："您好，我在洛杉矶警察局工作，想要找 ×× 了解一下情况，您可以告诉我他什么时候会来店里吗？"

店长没有想到唐纳德竟然会知道这家咖啡馆的底细，惊讶地看了唐纳德一眼，用冷漠的语气回答道："对不起，我不知道。"唐纳德却没有生气，依然保持着微笑。恰好此时咖啡也做好了，他就拿着咖啡坐到一边静静地品尝起来。

喝完了咖啡，唐纳德再次来到吧台，又点了一杯咖啡，然后对店长说："你们的咖啡味道真不错，是我在洛杉矶喝过最棒的，店里的装修也很有品位。现在我更想见见××了，我想当面向他表示我的佩服之情，你能帮我约一下他吗？"

或许是赞美的话语打动了店长的心，他的态度变得热情了一些，不过他还是拒绝了唐纳德的请求："抱歉，我不能这么做，老板会不高兴的。"

唐纳德发现了店长态度的转变，他向店长点了点头，表示自己非常理解店长的难处。之后，他又坐回到座位上，优哉游哉地喝起咖啡来。看到他这幅轻松惬意的样子，店长倒觉得有些不好意思起来。

半个小时后，唐纳德第三次来到了吧台。这次还没等他开口，店长就笑着说："你还要咖啡吗？"唐纳德也笑着点头，同时递上了自己的名片，告诉店长："虽然冒昧打扰有些唐突，但是我确实有一些很重要的事情需要向××求证，于他不会有任何损害。如果你知道在哪里可以找到××，只要拨打上面这个号码告诉我就可以，我会为你保密，事后不会有任何人责怪你。"

店长没有作声，但却伸出手接过了名片，塞进了自己的裤兜。唐纳德知道店长这是答应了自己的请求，便愉快地向他致谢，然后带着店长新做的咖啡离开了咖啡馆。

当天晚上，唐纳德接到了店长打来的电话，告诉他可以在某个时间到某地，就能够见到那位明星。唐纳德按照店长提供的线索，终于获得了与明星直接对话的机会，并从明星口中获得了与破案有关的重要情报。

破案专家唐纳德连续被对方拒绝了两次，却毫不沮丧，反而保持着良好的风度，用亲切的微笑和礼貌的话语给对方留下了极好的印象，对方不免会觉得拒绝这样一位优雅大方的人士有些过意不去，所以再次面对唐纳德的请求时，态度不知不觉地软化了很多。而唐纳德也在小心地揣摩着对方的心理，不断地变换请求策略，先是对对方进行赞美，之后更是考虑到对方的难处，让对方用打电话的方式提供线索，使得对方放下了顾虑，愿意向唐纳德提供帮助。

这一系列的请求"组合拳"产生了良好的效果，也让我们再次领略到破案专家在沟通中令人倾倒的风采。当我们求人办事的时候，如果遭到了拒绝，就不妨参考一下破案专家的做法，在展现风度之余灵活变换请求方式，直到最终能够让对方欣然接受：

1. 客观看待"被拒绝"这件事

被拒绝后，最忌恼羞成怒地当场发泄不满，这不光会影响自身形象，也会让对方感觉十分难堪，所以我们一定要像本节案例中的破案专家这样，学会调适自己的情绪，要客观地看待被拒绝这件事，不要放大其负面作用，也不要觉得对方是在故意为难自己。

比如，面试被拒绝，并不代表对方不喜欢我们，更有可能是这项工作与我们自身具备的条件不太匹配；再如向朋友求助被拒，也不代表对方不近人情，而是有可能这件事超出了对方的能力，或对方目前有什么苦衷。像这样换个角度去思考，就能避免思想钻牛角尖，也就不会被负面情绪所主宰而做出不理智的事情了。

2. 冷静下来分析对方拒绝的原因

在我们的情绪逐渐恢复平静后，就应当考虑一下对方为什么会拒绝我们，并可以评估一下这件事还有没有补救的余地。

首先，我们应当分析一下自己请求的内容是不是有些太过分，才会让对方一听就会立刻想要拒绝。如果属于这方面的原因，我们就应当调整自己的要求，以提高请求成功的可能性。

其次，我们应当分析一下自己请求的方式是否欠妥，比如，在请求对方时不够礼貌和诚恳，在表述请求时不够清晰和明确，这些都有可能让对方无法答应我们的请求。

最后，我们还要分析一下对方可能遇到的实际困难。在很多时候，我们以为某些事对于对方可能是"举手之劳"，但事实却并非如此，所以我们得把自己代入对方的角色中，去想象一下对方为了帮助我们，需要克服哪些困难，这能够让我们弄明白为什么对方不肯伸出援手。

3.换一种方式重新请求

完成了上述这些分析工作后，我们就可以调整自己请求的内容和请求的方式，以便减轻对方感受到的压力，使对方能够欣然同意为我们提供帮助。比如，我们在第一次请求对方时态度不够礼貌，引起了对方的不快，那么再次请求时就一定要注意自己的措辞.语气、表情等，要争取使对方对我们改观，请求的成功率也会有所提升。

再如，我们发现对方担心自己的利益会受损，那么在请求时我们就可以通过巧妙的沟通消除对方的担心，使对方可以毫无顾虑地为我们提供帮助。就像在本节案例中，店长担心"泄密"会遭到老板的惩罚，破案专家就将请求的内容从"告诉我线索"修改为"打电话悄悄告诉我线索"，请求的目的没有改变，但店长需要承担的风险却小多了，不会让自己的利益造成损失，所以他也乐于帮破案专家这个小忙。

总之，请求他人办事往往不会一次性成功，所以我们应当要有充分的心理准备，在被拒绝后不必反应过激，不妨保持风度坦然去面对，同时发挥自己的韧劲，尽量去争取，才能像破案专家一样在沟通中可以获得更多的机会。

第八章
说服沟通法：消除异议，让对方心甘情愿听你的

说服对方之前先要说服自己

想要说服他人，必须要先说服自己，这样在阐述自己的观点和理由的时候，才会更有底气。

美国阿肯色州的一位检察官哈特是一个具有超强说服力的人，他在说服他人之前，一定会先做大量的准备工作，而其中最重要的工作就是要说服自己。他曾经这样说道："如果我对自己的想法都有所怀疑，就不可能让对方口服心服。所以我一定会真心接受说服的内容，这样才能在沟通中表现出强大的说服力。"

哈特曾经成功说服州长释放了一名被判服刑 30 年的政治犯吉姆·施维泽。当哈特前去游说州长之前，已经有很多人进行过同样的尝试，但都被固执的州长当场拒绝了。而当哈特见到州长的时候，还没等他说话，州长就不耐烦地说道："哈特，我知道你来找我的目的是什么，不过我劝你不要浪费时间了，我是不可能把吉姆·施维泽放出来的。"

哈特并没有因此就打"退堂鼓"，他用充满自信的语气对州长说："州长先生，请您给我 5 分钟的时间，我保证能够说服您释放他，因为我有让您不能拒绝的理由！"

听到哈特这么说，州长反倒生出了一些好奇心，他点点头，示意哈特说下去，他倒想看看所谓"不能拒绝的理由"到底是什么。

哈特微笑着说："不瞒您说，在前来找您之前，我亲自到州立监狱去调查了一番，为的就是要说服我自己为什么一定要把吉姆放出来。请看，这就是我的发现。"哈特一边说一边拿出了准备好的资料，只见其中有一些文字材料，还有不少照片，哈特指着照片说："这是吉姆在狱中为犯人们讲课的画面，由我亲自拍摄。吉姆本人拥有多个博士学位，还在多所大学担任客座教授，而且他十分热爱教育工作，在入狱后，还举办了函授课程，义务为犯人授课。典狱长告诉我，州立监狱中至少有600名犯人从吉姆的课程中获得了很大的帮助，他们中有很多人准备在出狱后运用所学的知识找一份好工作。我还随机访问了一些狱警和犯人，他们都对吉姆的工作赞不绝口，您说这样的人才是不是应该被立即释放呢？"

州长翻看着资料，似乎很感兴趣的样子，但并没有被完全打动。哈特认为自己应当再加"一把火"，于是他接着说道："州长先生，如果您不能完全放心的话，不如对吉姆采用半监管的方法，在释放他之后，指派他担任监狱学校的校长，这样他既能够为本州的数万名犯人提供学习的机会，又能够随时接受警方对他的监督。我相信媒体对这一事件也会给予相当的关注，想必能够让州政府的声望进一步提高。另外，我个人也愿意为吉姆提供担保，如果他在出狱后有什么行为不妥的话，我愿意承担全部责任，但我坚信他是一个好人，也是一位难得的人才，我实在不忍心看到他就这样在狱中被埋没了。"

哈特的这番话终于让州长动容了，州长连连点头道："我同意释放吉姆，这样吧，我现在就签赦免书。"就这样，哈特仅仅用了几分钟的时间，就完成了别人完成不了的说服任务。

哈特为了说服州长，首先成功地说服了自己，他坚信吉姆是值得被释放的，并且通过自己找到的证据和充满自信的表述，将这种坚定的信念传递给了州长，才获得了州长的认可。这也告诉我们，在说服他人时不能只靠灌输枯燥的理论，而是要表现出足够的底气，用自我肯定的方式来获得对方的肯定。

那么，如果我们想要学习哈特的说服办法，该从什么方面着手呢？以下就是说服他人时必须做好的几点要求：

1. 准备好充分的理由

想要让对方心服口服，没有强大的理由作为支撑显然是不可能的，所以寻找理由就是我们说服他人的第一步。就像本节案例中，检察官哈特想要说服州长释放嫌疑人，他没有急于直接上门进行说服工作，而是先深入监狱现场去调查取证，找到了一个能够让自己信服，也能够让州长无法拒绝的理由。带着这个理由再去说服，就能起到事半功倍的效果。可以想象，若是缺少充分的理由，哪怕检察官在说服时把话说得天花乱坠，也会显得空洞无力，无法让州长接受。

2. 分析要说服的对象

在说服前还要做好对象分析工作，这对于成功的说服也是非常重要的。破案专家提醒我们，第一，我们要分析对方的性别、年龄、性格特点、教育水平、社会地位、宗教信仰等，对于这些因素都要做到心中有数，在说服时才能做到有的放矢；第二，我们还要分析对方的需求和对方最在意的事情，在说服时如果能从这些角度切入，就容易让对方听得入耳入心。就像在本节案例中，检察官哈特在说服州长时就提到了释放囚犯一事有助于提高州政府的声望，而这恰好能够满足州长的需求，可以说是在沟通中切中了要害，因此州长才会被深深打动，并接受了检察官的要求。

3. 准备好最恰当的说服策略

在完成了对象分析工作之后，我们就可以有针对性地准备说服策略了，而这需要紧扣说服对象的特点来进行。比如，说服对象是一个非常理智的人，那我们就可以通过摆事实、讲道理的理性说服策略，让对方心悦诚服；但要是说服对象是偏感性的人，那我们在说服时就要调动情感因素，做到以情感人，使对方被深深打动；再如，说服对象见多识广、文化层次较高，就需要采用双面论证的说服策略，也就是既要从正面论证，也要从反面说理，要讲清楚两方面的道理，才能让说服变得更有力度；此外，如果说服对象有较强的抗拒情绪，我们还需要准备好迂回性质的说服策略，要不动声色地先瓦解对方的心理防线，才能循序渐进地将其说服。

4. 组织好最精确的说服语言

强有力的说服工作是建立在精确的语言体系的基础上的，破案专家要求我们在说服前先组织好自己的语言，要有清晰的论点、论据、论证，这也会让我们的思维变得更加清晰。之后，我们可以采取准确的逻辑顺序，将自己的观点和理由用语言灌输给对方，整个过程都需要做到引人入胜、丝丝入扣，要让对方能够产生代入感；同时还要注意语言要自然、生动，避免给人牵强附会的感觉，否则对方很容易跳脱出我们设计的情境，说服的效果就会大大减弱。

需要指出的是，说服并不是一蹴而就的事情，在说服的过程中，总是难免会遇到很多困难，而且对方的情绪、思维有可能随时出现变化，由此也会让说服工作变得更加复杂。对此，破案专家提醒我们要有足够的思想准备，要做全面的考量，以便预见不同的情况而能够随机应变，使得说服工作最终能够取得成功。

用事实说话，才能劝服对方

想要说服沟通对象，有时光靠干巴巴地讲大道理是不够的，因为对方会觉得大道理很含糊、抽象，也不易理解，所以我们还需要用具有代表性的、真实发生的事例来佐证自己要阐述的道理，这样才会让说理变得更加具体典型，观点更加鲜明，对方也才会更加信服。

来自德国柏林检察院的破案专家穆勒就很擅长用事实去说服他人，他有一条这样的经验："我发现生动、真实的案例要比概括的论证和一般原则更有说服力，所以我会把自己经办过的典型案例讲给嫌疑人听，他们会不由自主地把自己的情况与案例中的'榜样'进行对比，然后权衡是非做出决定，这时我再稍加说服，就能促使他们交代犯罪事实。"

2016 年，德国体育界发生了一起裁判涉嫌操控职业足球比赛的丑闻。嫌疑人约纳斯被检察院逮捕归案，在审讯过程中，约纳斯对自己的违法行为矢口否认，无论审讯人员问他什么问题，他都砌词狡辩，让审讯人员束手无策。

后来，穆勒参与了审讯，他先是对约纳斯陈述了一番道理，告诫他应当积极认罪，否则检方会对他提出非常严厉的控告。相反，若是他能够尽快交代操纵比赛的事实并配合调查，检方就会对他从宽处理。

这些道理之前的审讯人员也给约纳斯讲过，只见他露出了不以为然的表情，还不耐烦地打了个哈欠。见他这副表现，穆勒也并不生气，而是像闲聊一样给约纳斯讲起了一些类似的案例，这些案例中的主犯和约纳斯的情况非常相似，约纳斯不禁竖起了耳朵认真地倾听起来，他很想知道这些人后来都获得了什么样的审判结果。

穆勒不慌不忙地说："说别人你可能没印象，不过霍伊泽尔案件你肯定不陌生吧。"穆勒所说的这个案子发生在十几年前，时任德国足协裁判员的霍伊泽尔在某一轮比赛中吹响了"黑哨"，引起舆论哗然。不久，霍伊泽尔就被举报参与赌球，面对铁证，霍伊泽尔供认了自己为了金钱利益在比赛中造假的事实。为了获得轻判，他主动向检察机关指证了其他几名与此案有牵连的裁判员和球员，还说出了一个专业赌球的地下机构的所在地，使得柏林警方顺利捣毁了这个赌球集团。事后，霍伊泽尔仅仅被判处了两年缓刑，虽然公众认为检方给出的处罚过轻，但检方却愿意因为霍伊泽尔主动交代的行为和良好的认罪态度而对他从轻发落。

穆勒一边讲述着这个案例，一边注意观察着约纳斯的表情，发现约纳斯有些跃跃欲试的样子，猜测他可能已经动心了，但还需要再给他一些"推动力"。于是穆勒继续说道："你是不是觉得霍伊泽尔这人非常幸运？其实这不是幸运，而是善于审时度势，他这个人很聪明，知道什么才是最佳选择。可他的同事多米尼克就没有这么明智了，他只是个不起眼的参与者，可就因为拒不配合检方调查，最终被判处两年零十一个月的有期徒刑，而且还要缴纳五万欧元的罚金，更糟糕的是，他的职业生涯也就此终结了。那么，你会像霍伊泽尔这样为自己赢得一次机会，还是像多米尼克这样把自己送入绝境呢？"

听到这里，约纳斯再也坐不住了，他大声说："我想要一次机会，我把我知道的事实都说出来，请检方不要对我重罚！"

就这样，穆勒通过事实说话，又一次成功地说服了顽固的嫌疑人。

破案专家穆勒在说服嫌疑人的时候，就采用了举事实说明的办法，用真实的个案来启发嫌疑人的思路，使其自己通过判断做出选择，并最终接受了穆勒的说服。

这个案例也告诉我们，在与他人沟通的时候应当随时准备一些真实的

案例作为素材，以增强我们的说服力和影响力。不过，需要注意的是，用事实说服他人时也要注意一定的原则，才能起到最佳效果：

1. 引用的事实案例必须真实可信

既然是用事实来说话，我们就应当保证举出的事例必须都是真实可信的，切勿为了打动和说服对方就随意捏造事实。有的人为了增强自己的说服力，总喜欢杜撰一些莫须有的情节，听上去颇为诱人，但对方如果稍加调查就会发现这些事情并非真实存在，那么对方就会产生强烈的怀疑心理，又怎么可能会被成功说服呢？

因此，我们一定要寻找真实发生过的事实来佐证自己的观点，如果对方有所怀疑的话，我们就可以立即拿出切实可信的证据供对方检验。就像上述案例中，破案专家举出的案件就是真实发生过的事实，时间、地点、人物以及最终的结果都是有据可查的，对对方来说也是很有参考价值的，那么对方就会认真地听下去，也就更容易结合案件中的情况来思考自身的处境。

2. 用事实说话要避免长篇大论

破案专家提醒我们，在摆出事实来说服他人的时候，还要注意语言要尽量清楚、简洁，切不可长篇大论、啰啰唆唆地讲出一堆案例，那只会让对方感觉厌烦或困惑，而且对方还会开始怀疑我们的目的。

用事实说话要注意"过犹不及"，过长过多的事实只会让我们的说服取得反效果，所以我们只要寻找最有说服力的一两个实例，用简洁流畅的语句将其表达清楚就足够了，不必把所有的案例都罗列出来，更不必极力渲染案例中的每一个细节。

3. 用于说服的事实应当具有代表性

在引用事实时一定要谨慎，破案专家的做法是选择有代表性、能够与当时沟通情境相匹配的事实案例，这样才能更好地佐证自己的观点。另外，为了能够引起对方的共鸣，我们还可以寻找一些对方最为熟悉的实例，就像破案专家在与嫌疑人沟通时，就会列举一些与当前的案情相关或相似的案例，对方一听就会产生浓厚的兴趣，想要进行说服工作也就会变得更加容易了。

4. 在举出事实的同时要做好启发工作

用事实说话的最终目的还是要说服对方接受我们的观点或按照我们的意愿行事，所以我们在举事实的同时一定要做好启发和引导工作，使对方不由自主地去思考是不是应该按照我们所说的去做。比如，我们可以像破案专家这样，在讲述事实的同时，特别强调案例中与"价值""后果"等有关的因素，这样才能让对方清清楚楚、实实在在地发现自己能够获得的实际好处。之后对方就能够打消疑虑，并愿意接受我们的"推动"去行事了。

此外，还有一点需要提醒的是，尽管用举事实的形式来说服对方可以起到事半功倍的效果，但在具体操作的时候要注意灵活运用。破案专家提醒我们最好不要在刚开始沟通的时候就开始摆事实依据，而是应当先揣摩一下对方的想法，从对方的心理、情绪等方面入手去选择最佳案例，才能起到更好的说服效果。

温水煮青蛙，不知不觉攻陷对方防线

"温水煮青蛙"出自美国一所大学的一个生物学实验，在实验中，被丢到沸腾的开水中的青蛙，因为受不了高温刺激，立刻从容器中一跃而出；而被放进温水中的青蛙却没有这种危机意识，反而因为水温舒适而在水中悠然自得地游泳，结果水被一点一点加热，青蛙在不知不觉中被煮死在了水中。

这个故事常被用来提醒人们注意居安思危，但事实上，故事中的道理对于沟通说服也同样适用。当我们想要说服有严重的抗拒心理的对象时，可能刚刚提出要求，就会引起他们的警觉，很难达到说服的目的；相反，若是我们采用"温水煮青蛙"的办法，先说些看似无关紧要但又能引起对方认同的事情，他们的戒备心理就会慢慢减弱。等到他们的心理防线逐渐软化时，我们就可以引导他们逐步接受我们的要求。

很多破案专家在说服他人时都会采用这个办法，而且常常能够取得理想的效果。在下面这个案例中，一位破案专家就用"温水煮青蛙"的办法说服嫌疑人交代了自己的全部罪行：

2016 年，某市发生了一起因受贿而导致的渎职犯罪案件，给国家造成了严重的财产损失。犯罪嫌疑人在接受讯问的过程中，始终保持对抗态度，不是顾左右而言他，就是陷入沉默，让审讯人员十分困扰。

后来，经验丰富的陈检察官接手了此案，在与嫌疑人初步沟通时，陈检察官发现此人警惕性很高，只要问话中涉及与受贿有关的信息，都会引起他的高度警觉，所以想要从正面说服此人坦白犯罪事实是很困难的。

陈检察官思索了一番，决定采用"温水煮青蛙"的办法让嫌疑人一点一点放下防备。于是陈检察官先与嫌疑人闲聊了几句，其中提到的几个问题没有一个与本案有关，这也让嫌疑人绷紧的神经得到了一些放松。

接下来，陈检察官开始一点点"加热温水"，他小心地将自己的意图掩藏在一个个问题之中，先是用轻松的语气问道："你平时在哪里居住？"嫌疑人不疑有他，随口回答了上海市某个小区的名字。

陈检察官马上用惊讶的语气说道："哇，那里的房价可不低啊。"

嫌疑人似有同感，点头说道："是挺贵的。"

陈检察官又说："你买房的时候花了不少钱吧？"

嫌疑人回忆了一下，回答道："前年买的，好像花了300多万元。"

陈检察官的嘴角露出了一抹不易察觉的微笑，他突然转换了一个话题，问道："你全家一年的经济收入大概有多少钱？"

嫌疑人并没有发现自己已经处于"热水"中了，他漫不经心地说："这个问题我回答过很多遍了，我家的年收入大概在10万元至12万元。"

陈检察官突然一拍桌子，大声说："那你买房的钱是从哪儿来的？"

嫌疑人一惊，这才意识到自己在不知不觉中已经走入了陈检察官设下的圈套中，他硬着头皮回答："我向别人借的。"

陈检察官严肃地说："你在说谎！谁会借给你这么多钱，你又靠什么办法去还？"

嫌疑人的心理防线已经完全崩溃，他吞吞吐吐地说："……不是借的……"

陈检察官马上追问道："那就是别人给的了？对不对？"

嫌疑人无法抵赖，只好难堪地低下了头，嘴里小声回答："对……"

见嫌疑人已经彻底放弃抵抗，陈检察官趁热打铁说服道："既然如此，那你就交代一下受贿的事实吧，主动交代还有宽大处理的希望。"

嫌疑人知道大势已去，只能听从陈检察官的要求，坦白了所有的犯罪事实。

陈检察官在说服嫌疑人的时候，选择从"拉家常"开始，先询问了一些生活琐事，使得犯罪嫌疑人的戒备心理逐渐减轻。等到嫌疑人能够正常答话后，陈检察官又巧妙地设计问题，一点点靠近本案真相，等到嫌疑人意识到"危险"的时候，却已经无法再回避眼前的问题了，他只能选择答话，而陈检察官也可以借此完成说服的目的。

这种说服的技巧显然要比单刀直入的效果要好得多，因为它不会引起对方的强烈反抗，会让对方在不知不觉中减轻敌意、放松警惕，能够逐渐瓦解对方在心中筑起的"心理长城"，等待时机成熟的时候，再回归说服主题，往往能够产生立竿见影的效果。

在具体操作时，我们可以借鉴破案专家介绍的一些方法：

1. 迂回接近法

迂回接近法，就是先暂时回避说服的主题，采用"绕弯子"的方式使对方渐渐放下防备，然后逐渐接近说服的目标。比如，破案专家在面对沉默或故意胡搅蛮缠的说服对象时，就会先抛出一个与说服主题无关但对方却很感兴趣的问题，一般这样的问题对方都是乐意回答的。比如，对方对书法艺术有一定的造诣，这时就可以由此入手和对方攀谈，对方常常会滔滔不绝地讲述起来，内心的戒备心理也会逐渐减轻。之后就可以在对方没有察觉的情况下趁势递进，切入说服的目标，往往能够一击奏效。

2. 各个击破法

如果说服的目标对于对方来说难度很大，为了让对方更容易接受，我们也可以将总目标分解之后各个击破。就像在本节案例中，说服的总目标是"让嫌疑人交代全部犯罪事实"，但嫌疑人对此非常抗拒，破案专家就将总的目标分解后，先设法说服嫌疑人交代房产问题，由于嫌疑人对房产问题不太警惕，因而在不知不觉中说出了实话，这时破案专家立刻指出了他受贿的事实，使他无法再继续辩驳，房产问题得到了突破，那么之后总目标的突破也就不会有太大的难度了。

3.声东击西法

如果说"迂回曲折法"是暂时回避说服主题，那么"声东击西法"就是巧妙地转移说服的主题，即表面上把说服的重点放在某个次要问题上，但实际上说服的目的并没有改变。比如，一家公司想要采购一批设备，但是工厂开出的价格太高，采购人员想要说服工厂方面降低报价，但正面游说显然难以达到目的。于是采购人员就开始"声东击西"，要求工厂在物流运送方面提供便利，最好能够全程承担运费，工厂方面虽然不太愿意，但也不是不能接受。双方就此问题磋商了一段时间，眼看工厂方面就要同意承担运费了，采购人员却改口说不会再计较运费，只要在报价方面给出优惠就可以。工厂方面也不想再继续浪费时间，便同意了采购人员的要求，采购人员的说服目的也得以实现。

需要指出的是，在实际沟通的时候，不管采用哪一种方法，我们都要注意不能离题太远，一定要在对方逐渐放松警惕的情况下，及时地使当前的对话切换回说服的主题，才能达到说服的目的。

利用激将法 "请君入瓮"

破案专家在大量实践工作中早已发现，在说服他人时，不可能只用一种方法，只遵循一种思路，而是应当摸透沟通对象的脾气、性格，采用最适合其特点的说服策略。比如，对一些自尊心非常强烈，又十分"好面子"的对象，采用激将法进行说服，往往能够收到比正面说服更好的效果。

来自美国加利福尼亚州圣地亚哥市警察局的破案专家帕森斯就很擅长用激将法来做说服工作，他曾经这样描述道："人都是有逆反心理的，如果我故意贬低、挑剔他们的某个方面，使他们的自尊心受到强烈打击，他们反而会不自觉地接受我的诱导，想要证明给我看他们并不是这么差劲，结果，我就能够轻而易举地达到说服的目的。"

2017 年，帕森斯参与了一个重大绑架案的审讯工作。犯罪嫌疑人赫伯特及其妻子连续绑架了 4 名年轻女子，在虐待、蹂躏之后就会将她们残忍地杀害，再埋到郊外的树林中，然后出发寻找下一个受害者。

21 岁的女大学生朱迪是在 8 月中旬失踪的，警方在接获报案后，根据线索认定赫伯特夫妻有重大嫌疑。之后警方更是在赫伯特家中找到了一些作案工具，但遗憾的是，警方一直没能找到朱迪的踪影。警方对赫伯特夫妻展开了审讯，希望他们能够说出朱迪的下落。但二人拒不承认绑架事实，还说自己从来没有见过朱迪。

时间一点点地过去，大家都知道再继续拖下去，朱迪能被救出的希望微乎其微。这时帕森斯接手了审讯，他分析了赫伯特夫妻二人的性格，发现赫伯特与妻子比起来，自尊心极强且非常容易冲动，便决定从赫伯特入手进行说服。而且他知道想要撬开赫伯特的口，用寻常的说服办法肯定是行不通的，倒不如用激将法来看看能不能达到"请君入瓮"的目的。

于是帕森斯准备了一番后，带着公文包走进了审讯室。他从公文包里拿出一本厚厚的小说，就斜靠着椅子看了起来。整个过程中，他连看都没有看赫伯特一眼。赫伯特最初还跷着二郎腿，摇晃着身子，一副吊儿郎当的样子。可几分钟后，他就受不了这种被忽视的感觉了，开口问道："喂！你不是来审讯的吗？怎么不问我问题？"

见他上了钩，帕森斯心中暗喜，但他没有表露出自己的情绪，而是傲慢地说："有什么好问的？"

赫伯特不服气地说："你这人太奇怪了，该怎么审讯还用我教你吗？"

帕森斯这才直起身子，扫了赫伯特一眼，用满不在乎的语气说："我不认为能够从你这里问到什么有价值的东西，因为你不过就是你妻子的傀儡，她让你干什么你就干什么，所以我根本没打算在你这里浪费时间。"

赫伯特一听，勃然大怒："谁说我是她的傀儡？这些事情都是我要做的，那些女孩子都是我亲自挑选的，她不过就是给我打个下手罢了！"

帕森斯用怀疑的目光看着赫伯特："你还是别瞎编了，承认事实是不是很伤你的自尊心啊？你知道为什么今天只有我一个人来审讯你吗？因为其他同事都去审讯你妻子去了，只剩下我这个新手陪你随便聊两句……"

赫伯特被帕森斯一次次"打击"之后，再也控制不住情绪了，他愤怒地说："你们那是白费工夫，你问问她，她知道朱迪被关在哪里吗？没有我，谁都别想见到那个女孩！"

听到赫伯特主动提起朱迪的名字，帕森斯心中一阵激动，但他按捺住了喜悦的心情，继续对赫伯特实施激将法："那你说说，朱迪在哪里？我看你还是别吹牛了，我估计你每次去见女孩还要先获得你妻子的批准吧。"

赫伯特这下更加控制不住了，他把朱迪的所在地一口气说了出来。他刚说完，就看到帕森斯脸上露出了胜利的笑容，这让他顿时醒悟过来，可是已经来不及了，只见帕森斯飞速地跑出了审讯室，将刚刚获得的信息告知了同事。一个小时后，朱迪就被警方派出的搜索队员从一个极为隐秘的地窖中成功解救出来……

在上述这个案例中，当破案专家与态度强硬的嫌疑人沟通时，就巧妙地使用了"激将法"，将对方贬低为"妻子的傀儡"，对方为了维护自己被破坏的尊严，情不自禁地说出了破案专家想要知道的信息。

我们在日常沟通时如果想要说服一些顽固的对象，也可以尝试使用这种激将法。像破案专家使用的这种故意贬低、挑剔对方的激将法也可以叫作"明激法"，在使用时直截了当，能够让对方感觉像被泼了一盆冷水，可以起到激怒并唤起逆反心理的效果。另外还有一种"暗激法"，即通过不停地褒扬、夸奖第三方来间接刺激对方，使对方产生"不服输"的心理，继而就能达到说服的目的。

不过，无论使用"明激法"还是"暗激法"，都要十分注意技巧和分寸，才能达到理想的效果。为此，破案专家提醒我们特别注意以下几点：

1. 激将法只对特定对象有效

破案专家在实践中发现，并不是所有的沟通对象都适合用激将法来说服。如果对方性格沉稳、不容易冲动，或是沟通经验丰富，熟知各种说服技巧，就不适合对其采用激将法，否则容易弄巧成拙。

因此，在实施激将法前首先要了解对方的脾气、性格，如果发现对方性格急躁易怒、容易冲动、自尊心强、好胜心强，那就可以对其进行"激将"，往往能够轻易达到目的。

2. 使用激将法需要看准时机

激将法的使用不宜过早或过迟，如果过早使用，时机还不成熟，就会严重打击对方的信心，还有可能引起对方的反感，会对说服造成不利影响。可要是过晚使用，"激将"就会变成"马后炮"，无法发挥应有的作用。

因此，破案专家建议我们要随时观察对方的情绪反应，如果觉察到对方已经产生了不服输、不甘心的情绪，但又因为某些原因犹豫不决时，就可以用激将法来挑动对方的敏感神经，使对方能够变得冲动起来。

3. 激将法不宜频繁使用

激将法在运用时不宜过于频繁，否则很容易被对方看穿，那就不但无法达到说服对方的目的，还有可能让对方产生警惕心理，这时想要说服对方就难上加难了。所以，破案专家提醒我们要把激将法用在关键处，如对方情绪愤怒的时候，就是一个使用激将法的良好切入点。因为在这种时候，对方的头脑往往比较混乱，很容易失去判断力，此时再被我们"明激"或"暗激"一下，就特别容易做出不理智的行为。

此外，破案专家还指出，实施激将法时还应当注意自己的态度，要避免表现出蛮横无理的攻击态度，以免激怒对方。所以破案专家会在激将的同时保持平静的态度和自然的表情，使对方即使受到"激将"也不会产生过多的愤怒、不满情绪，而这对于说服工作的顺利进行也是很有帮助的。

动之以情，瓦解对方的心理防线

想要说服他人，不能单靠讲枯燥无味的大道理，在必要的时候，不妨引入情感元素，用真诚、真实的话语让沟通对象的心灵被深深打动，如此一来，对方的态度会逐渐软化，说服起来难度也会降低很多。

破案专家在说服一些有较强抗拒心理的嫌疑人时，就会从情感角度切入，使得自己与沟通对象之间的距离被逐渐拉近，之后再看准时机劝说对方，就能收到较好的效果。

法国马赛警察局的破案专家蓝波特就非常擅长"动之以情"的工作，他曾经侦办过这样一起敲诈犯罪案件：

犯罪嫌疑人向一家公司的财务总监敲诈了 3 万欧元，在收钱的时候被警方当场抓获。可是在接受讯问时他一直消极抵抗，对审讯人员问的问题随口敷衍，好像对什么都不感兴趣。蓝波特通过调查发现嫌疑人遇到了严重的经济问题，他的妻子失业，自己又被公司辞退，5 岁的儿子偏偏身患重病，需要进行骨髓移植，为儿子筹措手术费用很可能就是他的作案动机。

掌握了这些情况后，蓝波特在讯问嫌疑人的时候，没有按照常规的程序开始提问，而是说了这样一番话："我不知道该不该告诉你，今天我去医院看过小马克了，他的情况还算稳定，不过他一直在问'爸爸去哪了'……"马克就是嫌疑人儿子的名字，当他听到这个名字的时候，立刻坐直了身子，睁大了眼睛，颤抖着声音问道："你没有说我被捕了吧，求求你，千万不要告诉他！"

蓝波特意识到自己抓住了嫌疑人的情感"软肋"，彻底吸引住了对方，使他无法再用无精打采的态度对抗审讯。但蓝波特没有掉以轻心，他继续说道："你放心吧，我并没有说。可是你的妻子真的很挂念你，她跟我说了很多关于你的事情，一边说一边哭，伤心极了。"说到这里，嫌疑人的眼眶立刻湿润了，他的表情非常痛苦，轻声说道："我也很挂念他们。"

蓝波特趁热打铁道："你妻子问我可不可以探视你，我告诉她只要你把这件案子交代清楚，自然有权利接受探视。说真的，你妻子真的很爱你，你忍心让她一次又一次地失望吗？"

此时嫌疑人已经泪流满面，他点点头说："好吧，我说……我说……"

就这样，蓝波特仅仅用了几分钟的时间，就引发了嫌疑人的全部关注，并深深打动了嫌疑人，让嫌疑人同意交代自己的全部犯罪事实。

在这个案例中，破案专家之所以能够成功说服顽固的嫌疑人，正是因为他适时地在沟通中引入了情感因素，提到了对方心中最为在意的亲人，让对方的抵触心理得以消除。之后破案专家巧妙地把"把案子交代清楚"的要求融入情感话语之中，让对方不知不觉地受到引导，最终同意了这个要求。

在沟通中，情感的确是一种不可忽略的重要因素。我们想要说服他人的时候，也不妨学习破案专家的做法，在沟通中不断注入情感因素，让对方受到感化，沟通的目的也就更容易达成了。

具体来看，在沟通中"动之以情"可以从以下几点做起：

1. 先表现出对对方足够的尊重

破案专家告诉我们，每个人都渴望获得他人的尊重，如果我们在沟通中表现出足够的尊重，就会让对方在情感方面获得一种满足感，也有助于减少对方的抗拒心理。这一点在与地位较低、年龄较轻的人沟通时更加重要，因为对方本来心中就担心会不被尊重，而我们又在言语中露出轻慢之意的话，就很容易触怒对方，并很可能让沟通陷入僵局。所以我们应当注意自己的态度，并要运用相应的礼貌用语，在遣词造句上也要恰如其分，要把对方放在平等的地方上，与其真诚沟通，才有可能将对方成功说服。

2. 在话语中融入真挚的情感

想要打动对方，还应当将真挚的情感融入话语中，再来叩击沟通对象的心扉。比如，可以说一些略微有些煽情的话语，像本节案例中破案专家就对嫌疑人这样说道："你妻子真的很爱你，你忍心让她一次又一次地失望吗？"这句话听上去情真意切、感人肺腑，能够让嫌疑人产生强烈的共鸣，这就是以情动人的奇妙效应。我们在说话时也可以采用这种方法，让情词恳切的话语产生感人至深的效果，等到沟通对象被深深打动的时候，我们再顺理成章地提出自己的要求，一般都不会遭到他们的拒绝。

3. 多关心对方的困境和难处

破案专家在大量的沟通实践中早已发现，人们在接收到意想不到的关怀和照顾的时候，常常会被深深感动。比如，突然承受到了巨大的关怀，或是在意想不到的时候得到了关心和照顾，都会让原本强硬的态度发生软化，而原本严密的心理防线也有可能被撼动甚至被突破。所以在我们与对方存在观点分歧导致沟通难以推进的时候，不妨换个角度去关心一下对方目前的困境和难处，说一些关心的话语，这样就能消除谈判对方的戒备和对抗心理。

像很多破案专家在遇到拒不合作的嫌疑人或证人的时候，就会事先了解一下对方有哪些苦恼和困扰，然后在沟通时貌似不经意地提起，再以关切的语气表示关怀，同时提出一些合理的建议，这都会让对方备受感动，他们也会愿意敞开心扉，这样双方也就能够开诚布公地讨论并解决问题，最终沟通也会取得理想的效果。

需要提醒的是，在沟通时注入情感因素一定要把握好"真诚""适度"的原则，否则过于刻意、生硬地表达情感，不但无法感动对方，还会让对方更加怀疑我们的用心，结果就会弄巧成拙，这种情况是我们应当注意避免的。

利用"权威效应"，增强对方的接受度

权威效应，是一种能够在说服对方时产生奇妙作用的心理学效应。它指的是我们有意地强调自己的权威地位，或是搬出有威信的人士或机构的话语来说服对方，使得对方对于我们的信服程度直线上升，之前一些让他们有些抗拒的事情也会变得容易接受。

对于破案专家们来说，权威效应的用途就更加广泛了，因为破案专家本身就拥有权威性的社会地位和专业地位，其身份也总是备受人们的尊重，所以他们也很善于运用这种天然的优势，在说服特定的对象时会注意树立自己的权威，提升自己的气场，让对方在权威效应的影响下，心甘情愿地接受他们的指示。

在下面的这个案件中，一位负责谈判的破案专家就成功地运用了权威效应说服了一名绑架者：

2016 年 7 月，美国犹他州盐湖城发生了一起绑架案件。绑架人质的是一名贩毒者，因为分赃不均，他与同伙发生了斗殴，失手将同伙杀死，并将同伙的两个孩子劫持为人质，躲在一家小旅馆二楼的一个房间里。

警方接到报案后，马上制订了作战计划。考虑到孩子的安危问题，警方不打算进行强攻，而是先安排了谈判专家，打算对绑匪进行说服工作。然而这名绑匪认为自己犯了谋杀罪，不可能逃脱制裁，所以对谈判专家的话不理不睬。谈判专家不停地说服了一个小时，不但没有说动绑匪的心，反而激怒了绑匪。只听绑匪在房中大喊："都走开！谁再烦我，我就把小孩从窗户丢下去！"

危急之中，经验丰富的副局长加里·汉克斯亲自上阵，取代了谈判专家的位置，继续对绑匪进行说服。汉克斯对着屋里大声喊道："我是盐湖城警察局局长，也是这里的最高长官，请你不要激动，有什么条件可以跟我说，我有能力帮助你！"在喊话的时候，汉克斯有意显示自己的权威，特别省略掉了"副局长"的"副"字，同时强调自己是"最高长官"，有足够的决策权。

绑匪听到汉克斯的话后，情绪果然发生了变化，只听他用怀疑的语气喊道："你真是局长？"

见这个办法有效，汉克斯的脸上露出了一丝微笑，他用自信的语气喊道："我当然是，如假包换！"

片刻后，绑匪在里面喊道："我知道你想干什么，你和那个谈判专家一样，想骗我出来，你们好救小孩！我凭什么这么做，反正我也逃脱不了死刑了，我打算带着这两个小孩一起下地狱！"

汉克斯细心地听着绑匪所说的每一个字眼，电光石火间，他忽然明白绑匪其实并不想走绝路，他只是担心自己会被判处死刑。于是汉克斯大喊道："你不会被判死刑的，我向你保证！因为你并非有意谋杀，只是误杀。我做了20年警察，破过的案子何止千件，你必须相信我的判断！"在这次喊话中，汉克斯再次强调了自己身为执法者的权威性，所说的话语更是让人深信不疑。

果然，绑匪的心理防线也松动了，他用有些惊喜的语气喊道："我真有活命的机会？"

汉克斯马上回答："当然有！只要你现在主动向警方投降，并保证两个孩子的安全，我以我盐湖城警察局长的身份向你担保，你不会受到一丝一毫的人身伤害！"

汉克斯掷地有声的话在绑匪心中激起了层层波浪，最终，经过一番心理斗争后，他选择开门投降，两个孩子被安全解救，汉克斯也松了一口气。

汉克斯在说服绑匪的过程中，巧妙地利用了权威效应，不断强调自己的权力和经验，让绑匪对自己所说的话语和做出的承诺分外信服，从而达到了说服的目的。而在现实生活中，利用权威效应说服对象的案例也比比皆是。

权威效应之所以能够奏效，就是因为很多人都有一种"安全心理"，会认为权威人物是正确的、值得信赖的，只要按照权威人物的指示去做事，就不会出现错误，所以同样的一个要求，由权威人物提出，就比普通人提出更容易得到有效的呼应。

我们在现实沟通中，也可以学习汉克斯的做法，学会使用权威效应来说服他人做到某事，具体实施时可以从以下两个方面进行：

1. 发挥自身的权威影响力

破案专家指出，在说服下属或非本专业领域的人时，可以适当发挥自身的权威影响力。比如，在说服商业伙伴的时候，就可以强调自己在本领域的专家身份，然后再提出合作方案，就能增加商业伙伴的信任度；再如，发现下属工作态度不够积极，我们就可以强调自身的领导者权威，向其施加压力，使其重视我们所说的话语，继而能够服从我们的指示。当然，这种使用权威的情况不可过度，不能什么小问题都借助权威效应来解决，否则反而会慢慢削弱自己的威信，使得权威效应无法再次奏效。

2. 借用他人的权威来说服

假如我们自身不具备能够让他人信服的权威，又该如何进行说服工作呢？破案专家告诉我们，这时就需要借助第三方的权威了。以销售员说服客户为例，如果客户对我们的产品不够信任，那就可以引入权威人物或权威机构的话语，告诉客户"××老师郑重推荐本产品""我们有××机构出具的证明书"，此时提到的"××老师""××机构"应当是大众普遍认可的非常专业的人士或机构，具有相当的权威性，有这种第三方的"背书"，客户的接受度会大大提高，也就更容易被我们说服了。

必须指出的是，在借助第三方的权威进行说服工作时，一定要遵守真实原则，也就是说，我们话语中提到的第三方必须是真实存在的，而且确实能为我们提供某些证明。我们切勿为了说服对方信口开河地随意杜撰子虚乌有的第三方，或是胡乱攀扯一些有权威的人士或机构，否则一旦被揭穿，就会让沟通对象感觉自己受到了欺骗，届时不但无法达到说服的目的，反而会引起对方的强烈反感，所以一定要注意避免。

第九章
拒绝沟通法：得体婉拒，不伤对方的面子

拒绝并不意味着全盘否定

在日常生活和工作中，我们常常免不了要有开口拒绝他人的情况。有的人对此不太重视，总是毫无顾忌地表达自己的否定之意，这难免会让对方感觉难堪，严重时可能会影响双方之间的关系。而对于破案专家来说，他们在拒绝他人时就不会采用这种直来直去的办法，而是会委婉一些，有技巧一些。

一位在伦敦警察局工作的警官梅森就这样说道："千万不要一开口就全盘否定对方，你可以先肯定对方的一部分话语，好让他感觉轻松一些，之后再委婉地表示自己的拒绝之意，这样对方更容易接受。"

在日常工作中，梅森在拒绝他人时总是会采用这种办法。有一次，梅森正为一桩案子忙得焦头烂额。可就在这个时候，一名实习警官求他帮忙，想请他代写一份调查报告，因为梅森的报告是该部门写得最好的。

如果换了其他人，肯定会一口回绝，并对对方说："这是你自己的工作，不要来麻烦我，没看见我正忙着呢吗？"但是梅森知道这样说话肯定会伤害对方的自尊心，所以他露出一脸为难的表情，对实习警官说："你这么信任我，真是我的荣幸，我肯定会帮助你的。不过我现在确实抽不出时间，要不明天我再帮你写，你看行吗？"

其实梅森很清楚，实习警官必须在今天下班前提交报告，他之所以这么说，只是在委婉地表示拒绝之意罢了。不过他把拒绝的话语说得非常动听，也给了对方一个台阶下，所以对方不但没有生气，反而还自觉地向他道歉，说不该在他忙碌的时候前来打搅。

还有一次，一位与梅森相熟的律师朋友邀请他周末到家中做客。梅森一接到电话，马上想起自己正在办理的一桩伤害案，案件中的嫌疑人正好聘用了这位律师，敏感的梅森猜测律师可能想从自己口中套取情报，或是要为嫌疑人说情，于是他果断拒绝了对方的邀约。不过为了不影响双方之间的关系，梅森还是采用了先肯定后拒绝的办法，对对方说道："老朋友，我们确实有段时间没见面了，我很期待这次聚会。可惜，这周周末我还得去爱丁堡开个会。这样吧，等我闲下来就给你打电话，好吗？"

显然，就连梅森自己也不知道什么时候才会"闲下来"，对方也听懂了他拒绝的意思，就没有再继续纠缠了。

梅森警官在拒绝他人的时候，总是会考虑到对方的感受，不会对其请求进行全面的否定，而是会态度友善地先表示肯定的意思，让对方在情感上获得满足，然后再用"不过""可惜"这样的转折词语制造一个情绪的"缓冲点"，接着再表达拒绝的意愿，这样就能减少对方"被否定"的感受，这比全盘否定更容易让对方接受。

我们在日常的沟通中也可以采用这种办法。为此，我们可以从以下几个方面做起：

1. 拒绝对方之前先表示肯定的态度

如果我们不想答应对方的请求，不要态度坚决地全盘否定，而是可以先分析一下对方的请求，要想办法找到其中可以肯定的内容，并由此入手来展开巧妙拒绝的话语。比如，一位下属想要说服一名破案专家接受一个调查提案，破案专家想要拒绝，又不想让对方感觉没面子，就这样对他说："你这个想法不错，为案情突破提供了一种新思路……不过……"这样下属在被肯定之后，心情会比较愉悦，之后破案专家再说出拒绝的话语，也不会让他感觉特别难堪。

2. 让对方感觉到我们的歉意

破案专家提醒我们，为了不失礼于人，在拒绝时还要注意表现出足

够的歉意。比如，可以先对对方对我们的倚重表示感谢，然后用"不好意思""非常抱歉""实在遗憾"等词语来表达自己无法答应对方要求的歉疚之情，这样对方听在耳中也会觉得比较舒服一些，这会比直接拒绝对方更容易让对方接受。

3. 有必要的话可以对对方适当安慰

即使我们把拒绝的话语说得再动听，对方在被拒绝后，心情难免还是会有些低落。所以破案专家提醒我们，如果发现对方情绪不佳，也可以给予其适当的安慰，这可以冲淡对方心中的不快，也能改变我们留给对方的不良印象。

比如，我们可以这样安慰对方："虽然这件事我现在暂时没有办法帮到你，但如果换成……我肯定能帮上忙的。"这样的话语会让对方感觉非常贴心和温暖，对方也会明白我们并非有意拒绝，而是确实有苦衷，才无法答应他们的要求，这样对方也就不会再为此事而产生思想包袱了。

总之，拒绝时要记住不能把话说得太绝对、太生硬，要学会像破案专家那样婉转表达拒绝之意，才能够做到既不为难自己，又不得罪他人。

沟通时转移话题，从侧面表露拒绝

破案专家告诉我们，如果别人的请托让我们感到为难，但又不好直言拒绝，就可以通过巧妙地转移话题的办法让对方明白拒绝之意。这样对方常常会知难而退，而且不会感觉特别尴尬。

一位来自美国新泽西州霍博肯市的破案专家多雷尔就这样说道："当我想要拒绝一个人的时候，我会不停地提出各种话题来'打岔'，这样一方面能够转移对方的注意力，另一方面也能让他无法再坚持之前的请求。"

有一次，多雷尔接到了线人的举报，称几名议员存在滥用职权和公然索贿的问题。多雷尔带领人员展开调查，很快就掌握了大量犯罪证据，可以证明这几人确实存在索贿事实。经过上级批准后，多雷尔将这几名议员带走接受调查。

在调查过程中，一名议员的家人找到了多雷尔在政府工作的一位朋友，请他出面说情，希望能够对该议员"网开一面"。这位朋友来到了多雷尔的办公室，寒暄一番后，不好意思地提出了这个要求。多雷尔知道他也是受人之托，就没有疾言厉色地拒绝他，而是用了转移话题的办法，先给他倒了一杯咖啡，然后若无其事地说："好不容易见到你，真是太高兴了，我们今天不说不愉快的事情。来，先喝咖啡吧。对了，听说你儿子托尼准备参加音乐学校的考试，准备得怎么样了？"

多雷尔这一番话乍一听很寻常，其实却包含了三层意思：第一，请你不要再说那个话题了，那会让我很不愉快；第二，喝杯咖啡，从现在开始忘记那件事吧；第三，说说家庭琐事吧，这才是朋友之间应该谈的话题。

那位朋友也是个聪明人，他立刻明白了多雷尔的用意，便哈哈一笑，和多雷尔谈起了自己的儿子。之后多雷尔更是不断转移话题，时而说起朋友买的新车，时而说起最近社会上发生的趣闻，可就是只字不提与那件案子有关的事情。

一个小时后，朋友知道自己再坚持下去也不会有什么结果，便起身告辞。多雷尔微笑着和朋友道别，双方之间的关系并没有因为这件事受到任何影响。

在这里，多雷尔在表达拒绝之意时，就采用了转移话题的侧面拒绝战术，对对方的请求不明确做出表态，既不表示同意，也不表示不同意，然后貌似无意地将话题转移到其他问题上。对方如果善于倾听"弦外之音"，就一定会听出其中拒绝的意思，之后也就不会再强人所难了。

我们在拒绝他人的请求时，也可以参考多雷尔的这种做法，不仅能够达到拒绝他人的目的，而且也不会伤了和气。

以下是转移话题拒绝时应当注意的一些问题：

1. 顺着对方的话转移话题

破案专家提醒我们在转移话题时要注意不可过于突兀。如果对方正在发出请求，我们却突然提起一件风马牛不相及的事情，虽然也能表达拒绝之意，但就会显得过于明显，其效果与直接拒绝对方无异。所以破案专家一般都会顺着对方的话转移话题，就像上面的案例中，多雷尔在拒绝对方时就隐晦地指出"今天不谈不愉快的事情"，这样就能给对方一个含蓄的提醒，使对方自觉地打住话头。

2. 将话题引回到对方身上

在转移话题时，为了让对方能够接住"话茬儿"，最好是把话题引回到对方身上。比如，多雷尔就在拒绝时提到了对方的孩子，对于这种话题对方肯定会不由自主地打开"话匣子"，也就能够达到转移对方注意力的目的了。当然，想要找到这样的话题，需要我们对对方有一定的了解，如果做不到这一点，则可以尝试分析对方的心理，说一些对方可能会感兴趣的话题，这样也能达到转移话题的效果。

3. 措辞要恰当得体

在转移话题时，也不能忽略措辞的恰当得体，要注意不能在对方还未说完请求的话语时，就迫不及待地转移话题打断对方，那样会让对方感觉非常尴尬。所以破案专家通常会等对方说完之后，稍微停顿一下，再用友善的语气、得体的话语去说一些别的事情，这样对方更好接受被拒绝的事实，谈话也能在愉快的氛围中进行下去。

需要指出的是，转移话题的拒绝法更适用于一些善于审时度势的沟通对象，他们会很快领会到我们的拒绝之意，也就不会再做无谓的坚持了。可有的沟通对象就不会表现得如此"配合"，如果他们不接"话茬儿"，而是执意不停地提出请求，让我们陷入了为难的境地，那我们也就只能直话直说，好让对方明白我们拒绝的意愿是非常坚定的，不可能进行任何让步，那么对方也就只能放弃纠缠了。

拒绝时找个挡箭牌，不会过于尴尬

破案专家告诉我们，如果想要拒绝对方的要求，但一时又找不到有说服力的理由，就不妨先为自己找个"挡箭牌"，这样在表达拒绝的意思时既不显得生硬，还能让对方"知难而退"。

像这样的"挡箭牌"可以是某个有决策能力或重大影响力的人，也可以是某些不可违背的制度、规定。当我们把"挡箭牌"搬出来后，对方就会知道我们没有权限也不可能接受他们的要求，所以对方也就不会再继续向我们施加压力了。

很多破案专家都能够熟练地运用这种拒绝战术，他们能把拒绝的话语说得滴水不漏，让对方无可奈何。下面就让我们来看一个相关的案例：

莱恩是美国佛罗里达州波克县的一名治安官。2016 年该县发生了一起歹徒闯入民宅袭击居民的案件。当时民宅内正在举办聚会，有 9 人在歹徒乱枪扫射下当场身亡，另有 2 人受重伤，生命垂危。

此案引起了社会高度关注，警察局每天都要接到居民打来的电话，询问案件内情。作为办案负责人，莱恩也遭到了记者的"围追堵截"，让他不堪其扰。对于来访的记者，莱恩大多用一句"无可奉告"予以拒绝，而他们也只能悻悻而去。可是这天，前来采访莱恩的是一个跟他打过很多次交道的老记者伯格，想要拒绝他显然不会这么容易。

伯格笑眯眯地走进莱恩的办公室，悄悄把门掩上，对莱恩说："老朋友，你们找到凶手的下落了吗？就凭咱们之间的关系，有什么消息你可不能瞒着我啊。"

莱恩心中非常为难，一方面，他并不想把警方刚刚掌握的一点线索告诉记者，否则消息见报后肯定会打草惊蛇，会让破案的难度大幅提升；可是另一方面，他又确实不想因此事得罪伯格。

那么，到底该怎么拒绝伯格又不让他生气呢？莱恩略一思索，有了个好主意，只见他面露难色，对伯格说："老弟，你来得太不巧了，你要是昨天来找我，或许我可以告诉你一些情报。但是这件案子造成的影响实在是太恶劣了，已经惊动了州政府，今天上午我接到了电话，上级责令所有办案人员必须三缄其口，不能向外界透露半点消息，否则按渎职罪论处。所以你看……我实在是帮不了你了。"

伯格有些惊讶地说："情况竟然有这么严重吗？"

莱恩苦笑着连连摇头道："可不是吗？我都已经三天三夜没合眼了，就希望早点把这个案子破了。"

伯格一听，也不好意思继续打搅莱恩，便向他告别后匆匆离去。看着伯格的背影，莱恩松了一口气，其实所谓的"禁口令"都是他为了拒绝伯格编出的借口，不过看来这个"挡箭牌"确实发挥了作用，让伯格虽然遭到拒绝，也没有被影响了情绪。

在上述案例中，莱恩想要拒绝熟人向自己打听消息，就采用了找"挡箭牌"的办法——编造了一条虚构的"规定"，让熟人知道不是自己不肯帮忙，而是规定不允许，并且违背了规定自己还要接受惩罚，这样一来，熟人也就不好意思再继续要求莱恩透露情报了。于是莱恩既达到了拒绝的目的，又没有得罪熟人，双方再次见面也不会感觉过于尴尬。

那么，在拒绝他人的时候有哪些情况适合采用这种"挡箭牌策略"呢？

1. 对方占据强势地位

破案专家指出，在沟通中，如果对方处于强势地位，提出了让我们为难的要求，态度又咄咄逼人，让我们无力招架的时候，就可以使用具有权威力量的"挡箭牌"来巧妙拒绝对方。比如，在与公司大客户谈生意时，对方依仗自己的优势地位提出了不合理的要求，而且坚决不肯让步，这时如果直接拒绝，可能会惹恼对方，造成交易失败，所以不妨引入一个具有权威的"第三方"角色，像自己的上级、公司主要领导等。我们可以借这类权威之口来拒绝对方的要求，以便压倒对方的气势，使对方不得不停止对我们的逼迫。

2. 直接拒绝可能会导致关系恶化

如果我们和对方具有比较熟稔的关系，直接提出拒绝可能会让对方觉得没面子，严重时还会让对方对我们产生强烈的不满。为了避免出现这样的结果，也可以采取"挡箭牌"策略，即用"第三人"作为借口，或像本节案例中的破案专家这样，以某些制度、规定为借口，让对方明白我们的拒绝之意，这样能够让拒绝变得更加委婉，也有助于减少很多不必要的误解和冲突。

总之，拒绝是一门艺术，直截了当地拒绝固然更加方便，但却可能会伤害他人的情感，还会破坏和谐的人际关系，所以我们要向破案专家学习，要在恰当的时候巧妙地使用"挡箭牌"，让自己能够从容地应对对方的要求，在不尴尬、不僵持的情况下轻松实现拒绝的目的。

用适时沉默表达自己的拒绝之意

面对难以答复的请求时，暂时中止"发言"，用沉默来表达自己的意愿，也不失为一种拒绝的好办法。

来自美国堪萨斯州一家警察局的破案专家利亚姆就这样说道："有的时候我会遇到那种不达目的不罢休的沟通对象，他们想尽办法想要说服我不要拒绝，如果我采用各种方法回应，都只会让他继续纠缠不休。为了避免引起不快，我就会用沉默来应对，他们眼看努力无果，也就只能作罢了。"

利亚姆有一个邻居在银行工作，有一段时间，这位邻居经常向利亚姆推销一种信用卡。但是出于职业习惯，利亚姆并不打算额外办理更多的业务，也不想把自己的信息泄露给他人。于是利亚姆当即回绝了邻居，不过考虑到对方的心情，他用友好的态度表达了拒绝之意："非常抱歉，我已经办了好几张信用卡了，确实不需要了。"

没想到对方不依不饶地说："你每天带着这么多信用卡出门，肯定很不方便吧。我能帮你解决这个问题，我现在给你介绍的这种信用卡是国际通用的。你有这样一张卡，去其他国家出差办案的时候都能随意消费，多方便啊。赶紧把你那些多余的卡片丢掉吧，办这种卡，我保证你不会后悔。"

利亚姆这才发现自己拒绝的话语反倒给了对方可乘之机，让对方抓住这个突破口想要说服自己。面对对方滔滔不绝的话语，利亚姆无奈地说："我真的不想再办新卡了，我不想交额外的年费。"

对方一听到"年费"二字，顿时来了精神，又开始进行新一轮的游说："你放心吧，我能给你提供优惠，你在我这里办理信用卡，可以免除三年的年费，还能获得一份很棒的礼品……"

利亚姆知道自己无论说什么都没办法打消对方的念头，便索性闭口不语，不过他脸上始终带着和蔼的微笑，看上去也并不失礼。

对方天花乱坠地说了一通后，发现利亚姆仍然保持着沉默，这反倒让他有些不知所措了。之后他又自顾自地说了几句，可利亚姆还是一言不发，对方知道自己是不可能说服利亚姆了，便自己给自己找了个台阶下，说还有些事情要办，然后匆匆地离开了。利亚姆终于达到了拒绝的目的，不禁放松地长舒了一口气……

在上述案例中，破案专家利亚姆之所以能够让对方知难而退，正是靠着沉默这个沟通中的有效工具。通过适时的沉默，利亚姆让对方明白了他所持的态度，发现他的态度非常坚定后，对方自知无法达到目的，就只好停止了继续纠缠。

由此可见，在实在找不到办法拒绝对方的时候，就不妨尝试应用沉默这个有效的"武器"。那么，我们如果想要像破案专家利亚姆这样成功使用"沉默策略"，需要注意哪些原则呢？

1. 掌握沉默的时机

在沟通中保持沉默是有讲究的，破案专家提醒要掌握时机，否则动不动就沉默，就会显得非常失礼，因此不到万不得已的时候，最好不要采用这种拒绝战术。那么，什么时候应当保持沉默呢？破案专家的建议是："如果你已经明确地表达了拒绝之意，但对方却一直寻找你话语中的漏洞，试图用各种方法说服你，这时候就可以用沉默来应对"，因为这会让对方感受到一定的压力，他可能不得不审视自己的做法，并会自觉地约束自己的言行，不再没完没了地进行说服工作。

2. 控制沉默的时长

沉默的时长需要我们根据当时所处的情境进行调节，不宜过长或过短。因为沉默的时间过短，没有让对方明确感受到我们的意愿，就达不到应有的拒绝效果；但如果沉默的时间过长，对方也不知道该如何应付，沟通就会陷入难堪的停滞，有时甚至还会触怒对方，这样也不利于达到我们沟通的目的。所以破案专家提醒我们应当随时观察对方的反应，如果对方意识到了自己的问题并停止无谓的劝说后，我们就可以结束沉默，与对方恢复友好的沟通。

3. 用表情、动作配合沉默

破案专家指出，在沟通中保持沉默，看似一种消极的行为，但实际上却是一种"以退为进"的积极行为。为了更好地控制局面，我们可以在沉默的同时采用一些表情、动作来表达自己拒绝的意愿，以加强对方的感受。比如，在对方反复劝说的时候，我们可以闭口不语，同时做出摇头、摆手、皱眉等表情和动作，对方就会明白我们的意思，也就不得不停止劝说了。

另外，为了保持礼貌，我们还可以像本节案例中的破案专家这样，在沉默期间保持温和的微笑，这样既拒绝了对方，又不失风度，对方也不会产生什么抱怨的想法。

拒绝时加点幽默佐料，对方不会太难堪

幽默是一个人思想、智慧和灵感的体现，幽默风趣的语言更会让人在沟通中魅力大增。而在拒绝的时候，加一些幽默的"佐料"，也能产生奇妙的效用，可以淡化对方被拒绝后难堪、不快的感觉，还能活跃紧张的气氛，拉近双方之间的心理距离。

破案专家就常常会使用这种幽默拒绝的办法，在不想接受对方要求的时候，他们就会适时地说些幽默的话语，让对方在会心一笑的同时知难而退。

下面这个案例就体现了破案专家幽默拒绝的艺术：

在美国加利福尼亚州圣何塞市，一起连环杀人案刚刚告破。警察高斯林在侦破工作中发挥了极大的作用，做出了突出的贡献，警察局同人为他举办了盛大的庆功宴会。在宴会上，一位新来的同事端着一杯威士忌走向高斯林，对他说："你的表现真是太棒了，一起喝一杯吧。"

可是高斯林平时滴酒不沾，不过新来的同事显然对此并不了解。高斯林本想直接开口拒绝，但又怕这样会引起对方的误会，以为自己不给新人"面子"。于是他有礼貌地说："谢谢你！我能喝一点别的饮料吗？"

对方并没有领会高斯林的拒绝之意，仍然端着酒杯对他示意，嘴里还说着："怎么，你不喜欢威士忌吗？"

高斯林想了想，说了一句幽默的话："是啊，可能是我还没有长大吧，我好像怎么都品不出威士忌的妙处。"

对方忍不住笑了起来："好吧，永远长不大的破案专家先生，请问你想喝什么饮料呢？"

高斯林也笑着说："请给我拿一杯加了水果和牛奶的、香香甜甜的饮料。"他故意加重了"香香甜甜"这几个字的语气，更是把对方逗得乐不可支。

就这样，高斯林虽然拒绝了对方的劝酒，却没有让对方难堪，反倒让对方觉得他平易近人又充满幽默感。

可以试想一下，如果高斯林直截了当地用"我不会喝酒"拒绝对方，显然会让对方感觉很不开心，更会认为他是在故意摆架子，而高斯林将"不会喝酒"的事实用幽默的语言处理之后再讲出，就会抹去对方遭到拒绝时的不愉快感。

如果我们在日常沟通中，遇到类似的不方便正面拒绝对方的情况，就可以像高斯林一样，说一些幽默的话语来表达拒绝之意：

1. 用比喻式的幽默话语拒绝对方

幽默机智的比喻是一种拒绝他人的好办法，能够让死板、僵硬的拒绝话语听上去形象而又诙谐，会给人带来新颖、有趣的感受。比如，一位知名作家平时一直深居简出、埋头创作，他很不喜欢受到别人的打搅，但有位外地书迷却通过各种方式联系他，想要获得跟他见面合影的机会。作家不堪其扰，又不好正面拒绝，于是就在电话里这样对书迷说："你的厚爱让我受宠若惊。不过我不得不说，虽然你喜欢餐桌上的牛排，但也没必要一定要和厨师见个面合个影吧。"在这里，作家将自己比喻为厨师，又将自己的作品比喻为牛排，用风趣、生动的话语表达了拒绝的意思，书迷听完后不禁失笑，也理解了作家的想法，不再对他苦苦纠缠了。

2. 用"请君入瓮"的幽默语言拒绝对方

"请君入瓮"就是不直接指出对方要求的荒谬之处，而是顺着他的话引导，使他自己觉察到自己的要求是荒谬好笑的，从而可以在会心一笑之后达到拒绝的目的。美国 FBI 有位高级官员曾经负责一项涉及国家机密的

安全计划。在一次聚会上，有个朋友为了满足自己的好奇心，向官员打探计划内情。官员没有直接拒绝他，而是问他："你能保密吗？"这位朋友满心以为官员会把机密告诉自己，便带着窃喜的心情说："当然能！"谁知官员却微微一笑说："我也能。"朋友顿时愣住了，等他反应过来，才意识到自己的要求确实有些过分，不过官员拒绝的方法也实在是别具一格，让他在微笑摇头的同时也很佩服官员的沟通技巧。

3. 用夸大其词的幽默语言拒绝对方

如果对方的要求明显超出了我们的能力，但直接拒绝可能会引起对方不快，那我们不妨用夸大其词的办法来形容自己的难处，使对方在被逗笑的同时也能产生体谅之情。例如，一位警察正忙于处理某个案件，可是他的上级却要求他必须在下班之前上交一份报告，无奈的警察只好用幽默的语言对上级回复道："我真恨不得马上长出三颗脑袋、六条手臂，这样就能一边在审讯室做笔录，一边给证人打电话，一边写这篇报告了。"上级一听就被逗笑了，同时也明白这位警察确实是分身乏术，并非有意躲懒，于是也就不再催促他写报告了。

当然，幽默拒绝的方法还有很多，我们可以在沟通中根据具体的语境和对方的话语灵活应用，如此就可以产生"四两拨千斤"的效果，让许多困扰我们的棘手问题都能够在幽默拒绝之后得到化解。

第十章

对象沟通法：有的放矢，与不同对象顺畅沟通

采用因人而异的方式，沟通会事半功倍

我们常常会羡慕那些具有高超沟通技巧的破案专家，他们每天都要面对不同的沟通对象，却好像和任何人都能聊得非常投机，并能够从沟通中获得很多有用的信息。而破案专家之所以能够做到这一点，有一条重要的经验就是要看准不同的沟通对象的特点，然后采用因人而异的沟通方式，使得沟通的过程变得愉悦、顺畅，沟通的效率也能因此提升。

美国明尼苏达州的一位警官艾瑞克就非常善于与不同的沟通对象打交道。有一次，他需要向一位退休老教授了解情况。在和对方会面前，艾瑞克上网了解了一下对方的生平事迹和擅长的研究领域，准备好了与对方聊天时可以切入的话题。

等到见面那天，艾瑞克一见到老教授就热情、恭敬地向对方问好，并表达了自己对对方的敬意。之后，艾瑞克又表现得像一名好学的学生一样，问了对方好几个学术方面的问题，让对方对他刮目相看。艾瑞克还不好意思地说："请不要为我的无知见怪，我对您一直非常景仰，能够获得这次面谈的机会，让我感觉非常荣幸。"一番话说完，老教授对艾瑞克生出了不少好感，之后的沟通自然进行得格外顺利。

还有一次，艾瑞克和一名年轻的女性知情人约好在公园见面。一见面，艾瑞克就发现对方非常紧张。为了减少自己给对方带来的压力，艾瑞克有意地与对方拉开了一些空间距离，好让对方觉得自在一些。随后艾瑞克又注意到这名女性的身高较矮，每次与自己说话都要抬头，显得比较吃力，于是他建议两人坐在公园长椅上聊天，两人各坐在长椅的一头，这样既能听清对话，又能保持距离。

经过这样的安排后，对方看上去显得轻松了一些。之后，艾瑞克用和蔼的语气，像朋友似的和对方聊了一些生活上的琐事。在言谈之中，他充分地表现出了对女性的尊重和理解，而且一点也没有想要刺探对方隐私的意思。几句话下来，对方感觉到了艾瑞克释放出的善意，在对答时就变得从容起来……

总之，艾瑞克就是这样针对不同的沟通对象采用不同的沟通方式，而这种灵活的沟通技巧也让他总是能够给沟通对象留下很好的印象。

艾瑞克在与不同的沟通对象打交道的时候，充分考虑到了对方的年龄、性别、情绪、感觉等因素，采用了截然不同的沟通方式，这也是他总能顺利实现沟通目标的一个重要原因。我们在沟通中也要有这种主动认识和分析沟通对象的意识，并要学会从以下这几个最基础的维度去区分沟通对象，然后采取不同的沟通策略：

1. 年龄维度

破案专家告诉我们，不同年龄段的人在阅历和看待问题的角度方面会有明显的差异，需要我们采用不一样的沟通方式：

（1）与比我们年龄大的人沟通时，由于对方阅历比较丰富，分析问题的方法也比较成熟，所以我们应当以请教的态度去沟通，要表现出对对方的敬重，注意多倾听、少打断，更加不能急躁地提出反对意见。即便我们觉得对方的观点有过时、落伍之嫌，也应以探讨的形式向对方解释，不要直言不讳地指出对方的谬误之处。

（2）与年龄相同或相近者沟通，由于双方阅历水平相近，在沟通时应表现出平等、尊重的态度，使对方感觉到我们将其放在同一水平线上，没有所谓你高我低的区分，这样更有利于进行开诚布公的谈话。

（3）与年龄较小的人沟通，切忌倚老卖老、趾高气扬地对对方指指点点，而是应当表现出耐心和关怀，并要照顾他们的自尊心和个性，还要以开放的心态包容他们言谈举止中的不妥之处，这样沟通起来就会更加顺利。

2. 性别维度

破案专家提醒我们，男性和女性不仅在生理上存在较大差异，在性格上也有很多差别，而这也要求我们在沟通方面不能一概而论：

（1）与男性沟通时要注意清楚地阐述说话的内容，要注意有条有理，不要拐弯抹角，这样更符合男性的理性思维。而且由于男性更注重自己的能力、效率和成就，所以我们可以在话题中重点突出这些方面的内容，但要尽量减少指教对方去做某事的内容，否则容易让男性感觉尊严受到了侵犯。

（2）与女性沟通时可以多讲述一些情感方面的内容，这样能够满足女性的感性思维。而在女性诉说自己的观点和经历的时候，我们要表现出足够的耐心去倾听，并要以理解的态度去分析她的感受，这会让她有一种受到了重视和呵护的感觉。

3. 关系维度

破案专家还指出，如果我们与沟通对象之间的关系有亲疏远近之分，那就也要采用不同的沟通方式，这样才会让对方在情感上更能够接受：

（1）与陌生人沟通时一定要避免口无遮拦，因为我们不知道对方对什么话题比较敏感，所以一定要谨慎开口，并要多选择一些比较"安全"的话题，再使用试探性的语气看看对方是否对这个话题感兴趣。另外，在与陌生人沟通过程中，我们不宜表现得过于亲热，最好不要有身体接触，也不要与对方保持过近的空间距离，以免让对方感觉有太大的压力。

（2）与关系一般的熟人沟通时话题的选择可以随便一些，但也要避免谈及金钱、感情之类的隐私问题，除非对方愿意主动开口讲述，否则我们是不能轻易去试探的。在交谈时可以进行适度的身体接触，空间距离也可以略近一些，但要注意对方的感受，要以对方感觉舒服为准。

（3）与关系亲密的朋友、亲人沟通时话题上的忌讳更少，也不必刻意提防自己的用语是否妥当，但注意不要使用粗暴、不文明的字眼，以免伤害对方的情感。另外，在交谈时，也不要使用生硬的、过于礼貌的交际用语，而是可以多使用一些口语化的语言，并可以多进行一些身体接触，这样更能够增进彼此之间的感情。

除以上这几个基础维度外，我们在沟通中还要考虑到对方的身份、个性、文化层次、文化背景等多种因素，在明确了这些因素之后，我们就可以像破案专家一样，有针对性地采取不同的策略，与不同的沟通对象展开交流，而这也会让我们的沟通产生事半功倍的效果。

语如其人：与不同身份的人沟通

我们在工作和生活中要与不同身份的人沟通，他们的经验、修养、社会地位各有差异。因此，针对每个人的身份，我们也要谨慎地选择沟通话题和沟通方式，这样才能达到恰如其分的效果。

也正是因为这样，破案专家在与人沟通时，会在一开始就准确把握自己与对方的身份差异，然后对其进行恰当的定位，这样在沟通时就更能说出让对方愿听、爱听的话语了。

美国西雅图警察局的一位破案高手克里斯·福勒很擅长与不同身份的人沟通。在与一些位高权重的"大人物"交流的时候，福勒会表现得落落大方、不卑不亢，同时会巧妙地从话语中透露出对对方的尊敬之情，有时还会不着痕迹地恭维对方几句，让对方听得十分开心。某次福勒为了调查一个案件，花了不少工夫，获得了与一名商界名人见面的机会。在沟通中，福勒似乎很随意地提到了对方最近在公开场合做的一次演讲，并对演讲中的内容进行了巧妙的恭维，还提出了自己的一点看法。对方见福勒如此熟悉并赞同自己的观点，顿时把福勒引为"知己"，两人无话不谈，甚至达到了一种"惺惺相惜"的状态。本来对方只留给福勒一个小时的会谈时间，但后来他自己主动推掉了后续的日程安排，特意和福勒多聊了两个小时，而福勒也借着这个机会了解到了不少对查案有帮助的信息。

福勒不仅善于与比自己身份地位高的人沟通，还能够与比自己身份低的人聊得投机。就拿一次侦破连环盗窃案来说，福勒需要与几个嫌疑人打交道，他们都是些生活贫苦的无业游民。福勒为了与他们拉近距离，特地脱掉了警察制服，也没有穿笔挺的西装，而是穿上了质地一般的便装、运动鞋。在和他们沟通的时候，福勒的态度也非常温和，言语中没有一点轻视对方的意思。不仅如此，福勒还特意在话语中夹杂一些俚语，让这些嫌疑人感觉很是亲切，他们也就愿意与福勒交谈了。在沟通中，这几人说出了谁才是真正的盗窃犯，让福勒能够在很短的时候内破获此案。

破案专家福勒能够屡屡在沟通中获得对方的认可，就是因为他很会"看人说话"，对身份高者、身份低者使用不同的说话方式，因而能够更好地达到沟通的目的和效果。

从福勒的沟通实践中，我们可以学到一些根据身份来沟通的实用经验：

1. 与身份地位高的人沟通

与身份地位高的人沟通，不能表现得过于卑微，千万不要用卑躬屈膝的姿态不停地说一些听上去很不真诚的奉承话，那样只会引起对方的反感。所以我们应当像破案专家福勒这样，表现出不卑不亢的态度，以自然的表情、话语和对方交流。在交谈时，我们可以稍微积极一些，主动寻找对方可能会感兴趣的话题，但态度一定要充满真诚，要做出友好的、尊敬的姿态，在言谈举止方面都要严谨得宜、保持分寸，这样就会给对方留下很好的印象，也有助于和对方进行更加深入的交流。

2. 与身份地位接近或相同的人沟通

如果对方与我们的身份接近或相同，那我们就要表现得心平气和，说话的语气应当随和一些，姿态可以随意一些，切勿摆架子，或做出高人一等的表情，那会让对方感觉受到冒犯，还有可能引发不必要的矛盾。如果是在工作场合与自己的平级同事沟通，就还要注意照顾对方的面子，千万不要越过对方的专业领域去大大咧咧地"指点"对方的工作，这也会引起对方的强烈不满。

3. 与身份地位低的人沟通

与身份地位比我们低的人沟通，切忌表现得盛气凌人、高高在上，那

会让对方害怕也不愿意再和我们沟通。所以我们应当像福勒警官一样，将对方看作与自己平等的个体，然后在话语间给予其充分的尊重，使对方不由自主地对我们产生敬重、爱戴之情。如果是在工作场合与自己的下属沟通，则要注意多说一些带有鼓励性质、表扬性质的话语，那会让下属的工作积极性更高。如果下属不慎做错了事情，要注意不能劈头盖脸地指责，而要顾全对方的人格尊严，用和风细雨式的批评使对方认识到错误，之后再给予相应的指导，就能使对方对我们更加感激。

需要指出的是，在沟通中除了要关注对方的身份之外，也不要忘记了自己的身份。因为在不同的沟通情境中，面对不同的沟通对象我们自己的身份也在随时发生变化，所以千万不能将错误的身份代入当前的沟通情境中，否则只会给自己惹出很多麻烦。比如，用和平级、下级沟通的方式去和上级沟通，就会让上级感觉不够尊重，严重时可能会触怒上级；但要是用和上级沟通的方式去与下级沟通，又会让自己丧失威信；此外，若是将工作中的身份代入家庭，以对待同事的方式对待家人，就会让家人感觉"生分"，会影响家庭关系的和睦。

因此，不管和什么人沟通、在什么地方沟通，我们都应该认清自己的身份和对方的身份，这样才能厘清沟通的边界，奠定好沟通的基础，也能为沟通的顺利进行铺平道路。

把握个性特点，沟通对症下药

在与人沟通的时候，经常会遇到和对方没有"共同语言"，沟通效果不佳的情况。出现这种问题，一方面是因为自身的表达能力尚有欠缺，另一方面则是因为我们对对方缺乏足够的了解，特别是对对方的个性没有很好的把握，所以才没有找到适合对方的沟通方式，导致沟通时常受阻。

对此，擅长沟通的破案专家，来自美国 FBI 的霍普金斯提醒我们：在沟通时不要先急着与对方交流，而是可以让对方先表达、先阐述，然后从他们沟通的风格中识别出他们的个性特点，这样就可以调适自己的状态，调用对方习惯和喜欢的方式与之沟通，效果往往特别理想。

2017 年 10 月，霍普金斯受命与旧金山市警察局合作调查一桩案件。按照惯例，他首先来到警察局长的办公室，准备和对方进行一番沟通。为了这次沟通，霍普金斯还准备了不少资料，并打算向对方提出一些自己的看法。

可是，那位局长却根本就没有给霍普金斯留下开口的机会，他一见面就不客气地布置起了任务："你是从调查局过来的吧，听说你在研究犯罪心理方面很专业，不过到我们这来就得听我的指挥。你好好给我听着，我的要求是……你要做的是……好了，你现在到外面去找南希，我把她指定给你当助手，有不懂的事情你就问她……"

说完这番话后，局长就拿起了文件工作起来，不再理会霍普金斯。如果换了其他人，听到这样一番生硬的话语后，可能难免会和局长争执起来，因为他实在是太强势了，也不关注别人的感受，提的要求还不容反驳。不过霍普金斯却很快调整好了自己的状态，微笑着对这位局长说："我明白了，那我就不打搅您了。明天这个时候，我会向您提交一份对这个案子的研究报告。"说完霍普金斯就礼貌地告辞了，他的反应让那位局长感到有些惊讶，对他也产生了几分探究的兴趣。

第二天一大早，霍普金斯就带着自己撰写的报告，再一次走进了办公室。局长没想到霍普金斯也是一个雷厉风行、说到做到的人，对他不禁产生了一些好感。等到看完他写的报告后，局长完全改变了之前轻慢的态度，立刻请霍普金斯坐下来详谈。

在沟通中，霍普金斯针对案件目前的进展提出了自己的见解，其中有些想法正好解决了困扰局长的问题，局长十分高兴，连声夸赞霍普金斯不愧是专业人士。同时，局长也为自己之前态度不佳向霍普金斯表示了歉意，而霍普金斯则用轻松的语气说："没关系，我理解您的做法。您是一个执行力很强的人，不太在乎那些繁文缛节，只希望能够高效地沟通，卓有成效地解决问题，我非常欣赏这种风格。难怪警察局的管理如此井井有条，这和您强大的领导力是分不开的。"这一番话说到了局长的心坎儿上，他连忙站起来与霍普金斯握手，并高兴地说："感谢你的理解，希望我们能够合作愉快。"

霍普金斯在沟通中没有意气用事，而是用理性思维去分析对方的性格，找到对方之所以会这么说话的原因，并对对方的做法表示了理解。与此同时，霍普金斯也发现对方个性强硬，遇事更看重效率和结果，所以他没有浪费时间去劝说对方什么，而是以最快的速度拿出了实实在在的工作成果，向对方证明了自己的实力。这个举措彻底扭转了对方的看法，也为霍普金斯在沟通中赢得了更多的话语权，使得双方能够在开诚布公的基础上和谐地交流，达到了沟通合作的目的。

当我们在与他人沟通中感觉困难重重的时候，就可以学习霍普金斯的做法，先去了解对方的个性，再从个性出发"对症下药"，这样沟通中遇到的很多问题就都能够迎刃而解了。

为了更加准确地把握不同沟通对象的行为特征，下面将介绍一种人类性格特征分类法（DISC）。这种方法是由美国哈佛大学心理学家威廉·莫尔顿·马斯顿博士提出的，他将人们的个性特质分为四种，即支配型（Dominance）、影响型（Influence）、稳定型（Steadiness）、谨慎型（Compliance）。这种分类方法诞生之后，马上就被很多破案专家引入沟通之中，以便深入剖析沟通对象的个性，并能够正确地采用最适合对方的沟通方法：

1. 与支配型人士沟通

支配型的个性也被称为 D 型、力量型、老虎型个性，具有这种个性的人常常表现出目标明确、行动迅速、注重结果的特点，他们一般说话比较直接，表情比较严肃，措辞比较强硬。本节案例中的那位警察局长就是一位支配型人士的代表。与这类人沟通时要注重结果导向，说话要直指重点，不要拐弯抹角。如果发现对方在话语中出现了谬误，则应当委婉提醒，不要公开指出，以免让对方有尊严受到侵犯的感觉。

2. 与影响型人士沟通

影响型的个性也被称为 I 型、表达型、孔雀型个性，具有这种个性的人在沟通时会表现得热情、主动，而且他们比较善于表达，并热衷于描述细节和营造氛围。与这类人沟通的时候，我们也应当积极一些，要及时给予他们回应，并应注重强调我们的情感感受，使对方有一种感同身受的感觉。另外，我们可以多用一些幽默风趣的话语来吸引他们的注意，这会让他们更喜欢和我们沟通。

3. 与稳定型人士沟通

稳定型的个性也被称为 S 型、和平型、考拉型个性，具有这种个性的人士在沟通中会表现得友善、随和，但也比较被动，不太擅长表达自己；同时他们很愿意倾听，而且非常在乎他人的感受。与这类人士沟通的时候，我们应当表现出足够的关怀和包容，使他们有一种被理解、被接纳的感觉，这样他们就会愿意敞开心扉与我们交流了。

4. 与谨慎型人士沟通

谨慎型的个性也被称为 C 型、思考型、猫头鹰型个性，具有这种个性的人士在沟通中会表现得比较谨慎，他们善于察言观色，在措辞时则力图精确，不希望自己在言语之间出现疏漏；而且他们比较喜欢在沟通中提出问题，只要有不确定的地方就会马上提出质疑。我们在与这类人沟通时，也应当尽量达到精确的要求。如果想要说服对方，最好给出具体的、准确的数字和真实的、客观的案例，尽量不要出现带有主观臆测性质的说法。另外，我们还应当在沟通前做好充分的准备，最好预先设计一些问题，并想好答案，以免回答不出对方的问题而给对方留下不好的印象。

不过，破案专家还提醒我们，在实际沟通的时候，也不能过于绝对地把某人归入以上四类中的一类。事实上，每个人的个性特征是非常复杂的，可能同时存在支配型、影响型、稳定型、谨慎型的特质，只不过其中一种在某些特定的沟通情境中表现得特别明显，而在其他沟通情境中，这种特质就可能出现变化。就像那位警察局长在工作沟通情境中，表现为非常明显的支配型特质，而在非正式的朋友沟通、家人沟通等情境中，他可能不会表现得如此强势，会体现出其他几种特质。所以我们在分析沟通对象的个性时还要注意结合具体的沟通情境来判断，这样获得的结论才会更有参考价值。

说话符合文化水平，沟通才进行得下去

文化水平存在差异，会让人们在沟通的过程中遇到很多阻碍。比如，对同样的词语和句子，不同文化水平的人就会有不同的理解。另外，如果使用一些专业的、书面化的语言，文化水平较低的人就会出现理解上的困难，这些都会影响沟通的深入。所以破案专家提醒我们，在沟通时一定要充分考虑对方的文化水平、理解能力，要让自己所说的每一句话都能被对方听懂，沟通才会进行得下去。

2015 年年初，某市的一个公安局抓获了一起贩卖枪支案的主犯马某，为了撬开马某的嘴，负责审讯的胡警官想尽了办法。

在正式审讯之前，胡警官了解了马某的个人资料，发现他是个只字不识的人，连自己的名字都写不清楚。原来马某没有接受过教育，平时沟通也多是说方言，普通话的听说能力很差。了解这些事实后，胡警官就修改了自己准备好的一些问题，把过于专业的、不好理解的词语都删去了。可就是这样，马某在审讯中还是表现得很不配合，无论问他什么，他都把头转向一边，不高兴地说一声："我不知道。"

胡警官最初以为马某是在负隅顽抗，可是连续两天审讯下来，他才知道马某是因为文化水平太低，很多语句都听不懂。就像胡警官为了活跃气氛，说了一句大家都很熟悉的俗语"你这是'阴沟里翻船'了啊"，但马某却一脸茫然，可见他确实不明白胡警官到底在讲什么。

在这种情况下，胡警官想要对马某宣讲政策，说服他主动交代犯罪事实，就成了不可能完成的任务。但胡警官没有气馁，他找来了一本《刑法》，给马某看上面有关"自首"的条例，还拉着马某的手，指着"自首"两个字，一遍一遍地告诉他："自首有可能获得轻判。"

在胡警官耐心的"教导"下，马某终于明白了警方的意图，他也知道如果自己拒不交代，很有可能会被判重刑，但就这么交代了，又有些不甘心。胡警官看出马某的态度已经有所动摇，便用最简单易懂的话语劝导他说："马某，我知道你不怕死，可是你的老婆孩子怎么办？你的老母亲怎么办？一大家子人都等着你呢！你只有自首，才对得起你的家人。"

马某虽然是犯罪分子，但却十分孝顺，胡警官提到了他的母亲，让他十分激动。他开始抱头痛哭，一边哭还一边含糊不清地说："我对不起我妈……她让我做个好人，我现在却成了坏人……"

见马某的心理防线已经被全面瓦解，胡警官趁机又做了不少思想工作，终于成功说服马某交代了犯罪事实，还从马某处获得了很多重要的情报，由此捣毁了一个制枪贩枪的犯罪集团，保护了人民的生命财产安全。

在这个案例中，破案专家胡警官就考虑到了嫌疑人文化水平较低，理解能力有限的特点，在沟通中采用了简单易懂的语言，并通过耐心反复的交流使嫌疑人明白了自己的意图，最终接受了自己的说服，交代了犯罪事实，从而达到了沟通的目的。

这个案例也再一次提醒我们，在沟通中一定要采用与对方的文化水平相称的话语和沟通方式，这样对方才能听得懂、愿意听，并能够和我们毫无阻碍地交换信息。

那么，在与不同文化水平的人沟通时，有哪些要注意的要点呢？

1.和文化水平高的人沟通

破案专家提醒我们，如果沟通对象的文化水平很高，知识面非常丰富，言谈中表现出了较高的文化素质，对于这样的沟通对象，我们应当以虚心的态度与其交谈，要表现出自己的热情和诚意，同时措辞应当符合文雅、准确的要求，使对方乐于与我们沟通。若是对方讲到我们不太理解的专业问题，则应当耐心地倾听，并对自己不明白的地方适当提问。另外，为了不在对方面前"露怯"，我们最好不要谈论自己不擅长的领域，也不要刻意引经据典，说一些拗口的字眼来卖弄学问，以免引起对方的反感。

2. 和文化水平中等的人沟通

破案专家还指出，对于文化水平中等的沟通对象，我们在措辞和话题的选择方面可以随意一些，沟通风格应以得体、大方为宜，要让对方能够充分理解我们的意思，又不会因为我们的话语过于深奥而产生距离感。另外，为了调动对方的沟通积极性，我们可以尽量多说一些双方都听得懂的也很有趣的事情，以引发对方的交谈兴趣。

3. 和文化水平低的人

和文化水平低的人沟通，应注意表现出平等的态度，不要在言谈中表露出对对方的轻视，更不能说些"难怪你不懂""你连这个都不明白"之类的带有贬低性质的话语，以免伤害对方的情感和尊严。另外，在遣词造句的时候，应当多用一些浅显易懂的大白话，让对方一听就懂，还能感到十分亲切。比如，对一位没有接受过教育的老大爷说："您有配偶吗？"这就会让老人感觉非常困惑，所以应当换个说法，改成："您有老伴儿吗？"就能让老人明白我们的意思了。

总之，沟通要多站在对方的角度，想一想以他们的文化水平，是否适合这样的沟通方式和沟通语言。破案专家就是因为常做这样的思考，才会让自己的每句话都能说得恰如其分的，我们也要学习这种做法，才能与各种文化水平的人相谈甚欢。

图书在版编目 (CIP) 数据

罪案终结：破案专家的超级沟通法 / 周婷著. —

北京：中国法制出版社，2019.6

ISBN 978-7-5216-0230-2

Ⅰ. ①罪… Ⅱ. ①周… Ⅲ. ①心理交往—应用—刑事

侦查 Ⅳ. ① D918 ② C912.11

中国版本图书馆 CIP 数据核字（2019）第 084334 号

责任编辑：孙璐璐（cindysun321@126.com） 封面设计：汪要军

罪案终结：破案专家的超级沟通法
ZUI'AN ZHONGJIE: PO'AN ZHUANJIA DE CHAOJI GOUTONGFA

著者 / 周 婷

经销 / 新华书店

印刷 / 三河市国英印务有限公司

开本 / 710 毫米 × 1000 毫米 16 开 印张 / 13.5 字数 / 186 千

版次 / 2019 年 6 月第 1 版 2019 年 6 月第 1 次印刷

中国法制出版社出版

书号 ISBN 978-7-5216-0230-2 定价：39.80 元

北京西单横二条 2 号 邮政编码 100031 传真：010-66031119

网址：http://www.zgfzs.com 编辑部电话：**010-66038703**

市场营销部电话：010-66017726 邮购部电话：**010-66033288**

（如有印装质量问题，请与本社印务部联系调换。电话：010-66032926）